Stock

Achtsamkeitsmeditation

Der Autor

Dr. Christian Stock ist Facharzt für Innere und Psychotherapeutische Medizin und leitender Oberarzt einer psychosomatischen Fachklinik, zusätzlich arbeitet er freiberuflich als Psychotherapeut, Trainer, Supervisor und Coach. Als junger Mann wendete er sich den asiatischen Kampfsportarten zu. Einer seiner Ausbilder war zugleich Zen-Lehrer, der ihn in Kontakt mit Meditation brachte. Es folgten diverse Lehrgänge und Retreats in verschiedenen Traditionen. Auch in seiner psychotherapeutischen Ausbildung hat er immer die Parallelen zwischen Meditation und psychologischen Heil- und Entwicklungstechniken gesehen und führte später in seiner Klinik ein Achtsamkeitsprogramm zur Stressbewältigung ein.

Stock sagt: »Meditation gibt mir persönlich Stabilität in einer unruhigen, gehetzten Welt, gleichzeitig ist sie für mich die Verbindung zur Quelle, zum Urgrund.«

Dr. Christian Stock

Achtsamkeitsmeditation

Übungen für mehr Gelassenheit im Leben

TRIAS

Zur Ruhe kommen

Multitasking, Stress, Hektik, ständiger Druck, Forderungen: Das alles lassen Sie – zumindest für eine kurze Zeit – hinter sich, wenn Sie in die Achtsamkeitsübungen eintauchen.

Neugierig sein

Mit wachen Sinnen wahrnehmen, unvoreingenommen beobachten – mit diesem neugierigen Blick hinaus in die Welt schauen und auch hinein in sich selbst: auf Ihre Gefühle, Gedanken und Empfindungen.

Mitgefühl entwickeln

Während der Achtsamkeitsübungen lernen Sie, sich so anzunehmen, wie Sie sind. Sie betrachten sich mit mehr Wohlwollen. – Fast automatisch wächst dadurch auch Ihr Mitgefühl für andere.

ÜBUNGEN

Grundübungen

Aufbauübungen

Vorwort

Liebe Leserin, lieber Leser,

sehnen Sie sich nach Momenten der Ruhe? Haben Sie das Gefühl, die täglichen Anforderungen zehren langsam Ihre Kräfte auf? – Sie laufen schon wie wild im Hamsterrad, aber das scheint noch immer nicht genug zu sein. Sie planen und organisieren alles durch, dennoch hat der Tag zu wenige Stunden. Ständig will jemand etwas von Ihnen: Ihre Kinder, Ihr Partner, Ihr Chef, Ihre Kollegen … Und Sie kommen kaum noch heraus aus dieser hektischen Tretmühle. Ihr Leben ist zu stressig auf die Dauer, Sie können nur noch schlecht entspannen. – So geht es vielen Menschen.

Ein Weg, um gegenzusteuern, um einen Ausgleich für Hektik und Stress zu finden, ist Achtsamkeit. Achtsamkeit ist genau das Gegenteil von vollautomatischem Funktionieren. Es ist ein Kontrapunkt zur westlichen Leistungsgesellschaft und kommt nicht von ungefähr aus dem Osten. Achtsamkeitsmeditation ist eine sehr alte Methode, die – regelmäßig praktiziert – nicht nur zur Entspannung, Regeneration, verbesserten Konzentration und Ausgeglichenheit führt, sondern auch zur Selbsterfahrung und zur Selbsterkenntnis.

Achtsamkeit ist definiert als Wahrnehmung des gegenwärtigen Augenblicks mit Akzeptanz (also ohne Bewertung). Meditation meint in diesem Fall das regelmäßige Praktizieren und Üben von Achtsamkeit. Sie gelangen dadurch, wenn Sie lange genug üben, zu mehr »Einsicht« und sehen die Dinge so, wie sie wirklich sind. Außerdem entwickeln Sie durch die Übungen mehr Mitgefühl und Weisheit. Ich finde das eine schöne Vorstellung. Ich weiß nicht, wie es Ihnen geht, aber die Vorstellung, dass ich selbst etwas dazu beitragen kann, um ein mitfühlender, weiser Mensch zu werden, der noch dazu durch die Übungen zu einer tieferen Erkenntnis der Wirklichkeit gelangt, gefällt mir sehr.

Obwohl es in allen großen Religionen Achtsamkeitspraktiken gibt, hat Achtsamkeit selbst nichts mit Religion zu tun. Und es ist auch keinesfalls Voraussetzung, religiös/gläubig zu sein, um Achtsamkeit zu praktizieren.

Jeder Mensch kann achtsam sein, egal ob Sie sich jetzt als Atheist, Christ, Buddhist oder was auch immer ansehen.

Dieses Buch macht Sie mit den notwendigen Grundlagen und mit praktischen Übungen, die Sie mit sehr geringem Zeitaufwand durchführen können, vertraut. Das Programm beruht auf meinen jahrelangen Erfahrungen als Meditationsleiter in einer psychosomatischen Klinik. Nach allen möglichen Versuchen mit verschiedenen Wegen bin ich letztendlich bei den Achtsamkeitsübungen geblieben, weil sie am einfachsten sind und am liebsten von meinen Patienten angenommen werden. Sie sind sozusagen am »bekömmlichsten«. Das liegt wahrscheinlich daran, dass sie vom Aufbau her sehr leicht zu erlernen sind und am ehesten mit unserem modernen, westlichen Lebensstil kompatibel sind. Sie lassen sich nämlich sehr einfach an unsere Lebensumstände anpassen und in den Alltag einbauen.

Das Buch führt Sie von Grundübungen bis hin zu fortgeschrittenen Übungen zur Vertiefung. Sie können sie nach und nach durcharbeiten und Ihre eigenen Erfahrungen machen. Nach diesem »Schnupperkurs« in Achtsamkeit stellen Sie vielleicht fest, dass Sie etwas anderes brauchen. Das ist auch in Ordnung. Oder Sie bekommen Appetit auf mehr und suchen vielleicht einen Lehrgang oder eine Gruppe in Ihrer Nähe auf. Es gibt inzwischen bundesweit alle möglichen Achtsamkeitsgruppen, z. B. an der Volkshochschule oder in entsprechenden buddhistischen Zentren.

Egal, ob Sie tiefer in die Meditationspraxis einsteigen, Seminare und Gruppen besuchen, oder ob Sie nur das »Minimalprogramm« praktizieren, um einen Ausgleich für den hektischen Alltag zu haben, ich hoffe, Sie profitieren von diesem Buch, und wünsche Ihnen viel Freude beim achtsamen Entdecken.

Bielefeld, November 2011
Dr. Christian Stock

Warum meditieren?

Achtsamkeit ist eine bestimmte Art »zu sein«. Wenn Sie mehr Achtsamkeit in Ihr Leben bringen, wird sich das auf vielfältige Weise positiv auswirken. Sie führt zur Entschleunigung, Entspannung und Besinnung und bildet damit ein Gegengewicht zur Hektik und Beschleunigung unserer Welt.

Was Sie erwarten können

Wir entschließen uns gewöhnlich zu einem Trainingsprogramm, weil wir etwas Bestimmtes erreichen wollen – wir gehen ins Fitnessstudio, um den Rücken zu stärken, wir halten Diät, um abzunehmen ... Und auch wenn es bei Achtsamkeitsübungen darum geht, gerade nicht ein bestimmtes Ziel zu verfolgen, gibt es dennoch sehr viele positive Effekte, die sich bei regelmäßigem Üben gewöhnlich einstellen.

Entspannen, zur Ruhe kommen

Teilnehmer von Achtsamkeitsprogrammen berichten über die verschiedensten positiven Veränderungen u. a. darüber, dass:

- sie sich besser konzentrieren
- sie bewusster sich selbst und ihre Umwelt wahrnehmen
- sie sich leichter entspannen
- sie besser mit Stresssituationen umgehen (»höhere Belastbarkeit«)
- sie körperliche (z. B. Schmerzen) und/oder psychische Symptome (z. B. Ängste) lindern können
- sie mehr Selbstvertrauen und Selbstakzeptanz entwickeln
- sie dadurch liebevoller mit sich selbst und ihrer Umwelt umgehen
- sich ihre Beziehungen und ihre Kommunikation verbessern (»emotionale Kompetenz«)
- sie sich wieder mehr über Kleinigkeiten freuen (»Genießen des Augenblicks«)
- sie mehr Selbsterkenntnis durch Selbsterfahrung erlangen
- sie selbstschädigendes Verhalten verändern konnten (z. B. Essverhalten)
- sie gelassener, ruhiger und ausgeglichener seien (»innerer Frieden«)
- sie weniger unter Infekten leiden (verbesserte Immunantwort)
- sie mehr Energie und Leistungsfähigkeit (aufgrund der verbesserten Konzentration) hätten
- sie bessere Entscheidungen treffen
- sie mehr Lebensfreude empfinden und das Leben als sinnhafter erleben

Lassen Sie uns im Einzelnen betrachten, wie sich das begründet und was das für Sie bedeuten könnte.

Sie können sich besser konzentrieren

Das ist sowohl Teil der Technik als auch eine Wirkung der Übungen. Der Übende fokussiert seine Aufmerksamkeit z. B. auf den Atem und versucht, ihn dort längere Zeit zu halten. Schweift er mit den Gedanken ab, bemüht er sich darum, die ursprüngliche Aufmerksamkeit wiederzuerlangen. Wie bei einem Muskel, den Sie trainieren, nimmt also mit der Zeit Ihre Konzentrationsfähigkeit zu.

Sie nehmen sich bewusster wahr

Bei den Achtsamkeitsübungen richtet man oft die Aufmerksamkeit nach innen. Man begibt sich dann wie ein Forscher in die eigene Innenwelt, z. B. der eigenen Gedanken und Gefühle. Dadurch lernt man Aspekte an sich kennen, die vorher unter der Wahrnehmungsschwelle lagen. In der Folge spüren Sie nun sofort, wenn beispielsweise gerade Ärger in Ihnen aufsteigt oder sich eine negative Gedankenspirale in Gang setzt. Mit dem frühzeitigen Gewahrsein können Sie rechtzeitig gegensteuern, also angemessen mit Ihrer Verärgerung umgehen bzw. das Gedankenkarussell stoppen.

Es fällt Ihnen leichter, sich zu entspannen

Ihre Körperwahrnehmung verbessert sich. Sie bemerken Anspannungen früher als sonst und können bewusst gegensteuern und schneller wieder »loslassen«. Auch mental und emotional gelingt Ihnen eine bessere Entspannung durch die Grundhaltung z. B. der Gelassenheit und Nichtbewertung.

Sie können besser mit Stress umgehen

Durch die Grundhaltung des »Seins« und der Akzeptanz lernt man, Dinge so zu lassen, wie sie sind, und nicht mehr dauernd irgendwelchen Zielen hinterher zu laufen. Also mehr zu sein und weniger zu tun. Ein anderer Effekt der Achtsamkeitsübungen ist die Entschleunigung, die sie bewirken. Durch Ihre bessere Selbstwahrnehmung setzen Sie sich weniger Stress aus. Sie spüren rechtzeitig Ihre Grenzen und achten darauf, dass sowohl Sie selbst als auch andere diese Grenzen respektieren.

Sie lernen, körperliche und psychische Beschwerden zu lindern

Durch Achtsamkeitsübungen können Sie Schmerzen positiv beeinflussen, aber auch Ängste und andere negative Gefühlszustände, wie z. B. Depressionen. Anstatt gegen negative Gefühlszustände anzukämpfen, lernt man, sie zu akzeptieren und eine genaue Beobachtung ihrer subtilen Veränderungen zu praktizieren. Schmerzen werden z. B. durch Aufmerksamkeitslenkung verändert.

Ihr Selbstvertrauen wächst

Ein zentraler Übungsblock beschäftigt sich mit dem Thema Herzensgüte und Mitgefühl sich selbst und anderen gegenüber (Metta). Sie nehmen systematisch eine positive Grundhaltung sich selbst gegenüber ein (Wertschätzung), dadurch wächst Ihr positives Selbstwertgefühl.

Sie gehen liebevoller mit sich und anderen um

Wer sich selbst gegenüber eine gesunde (nicht übersteigerte) positive Grundhaltung einnimmt, geht automatisch gütiger und freundlicher mit seiner Umwelt um. Die Herzensgüte, die man sich selbst gewährt, kann man nun anderen viel großzügiger schenken. Sie nehmen eine nicht urteilende Grundhaltung ein, das heißt, Sie klagen weder sich selbst noch andere an. Sie machen sich oder anderen keine Vorwürfe, wenn etwas nicht so gut gelungen ist.

Sie hören achtsamer zu

Ein wesentlicher Aspekt der achtsamen Kommunikation ist das achtsame Zuhören. Während man sonst schnell mit eigenen Meinungen und Ansichten aufwartet, nimmt sich der achtsame Zuhörer mehr zurück und bietet dem Gegenüber einen Resonanzboden. Das heißt, Sie hören in erster Linie mitfühlend zu; eventuell äußern Sie dann, was diese Schilderung in Ihnen auslöst oder geben eine bestätigende Rückmeldung. »Kluge Ratschläge«, die wir oft vorschnell geben, sind vom Gegenüber meistens gar nicht erwünscht.

Die Freude an den kleinen Dingen kehrt zurück

Anstelle der »Überstimulierung« durch die Medien (»höher, schneller, weiter«) tritt durch die Übungen so etwas wie ein Wiederentdecken der Schönheit des Kleinen und Alltäglichen ein. Durch das Wiederentdecken der Sinneswahrnehmung z. B. wird schmecken, riechen oder hören wieder intensiver. Anstatt Ihr Essen auf die Schnelle im Stehen »hinunterzuschlingen«, setzten Sie sich nun hin, um jeden Bissen zu kosten und zu genießen. Eine bewusst eingenommene, einfache Mahlzeit kann Sie nun beglücken.

Sie entdecken Ihre Stärken und Schwächen

Durch die kontinuierliche Selbsterforschung und das Erkunden der inneren Welt entdeckt der Praktizierende seine Stärken und Schwächen. Teilweise taucht er auch in veränderte Bewusstseinszustände ein, die einen eher philosophischen Charakter haben.

Sie unterlassen selbstschädigendes Verhalten

Ein zentraler Aspekt der Achtsamkeitsübungen ist, sich so wenig wie möglich im »Autopilot-Modus« zu befinden, also achtlos irgendwelchen automatisierten Handlungen nachzugehen, wie z. B. das achtloses Essen von viel zu viel Kalorien. Durch Ihre verbesserte Körperwahrnehmung bemerken Sie, wenn Sie satt sind. Sie lenken sich beim Essen auch nicht ab, mit Fernsehen oder Plänen für die Zukunft oder Erinnerungen aus der Vergangenheit, sondern genießen den Bissen, den Sie gerade im Mund haben.

Schluss mit »Multitasking«

Wer sich nicht mehr so stark ablenken lässt und mehr bei sich und dem gegenwärtigen Augenblick ist, findet so etwas wie innere Ausgeglichenheit. Sie hasten nicht mehr 1 000 Zielen in einer vergänglichen Welt hinterher. Sie verzetteln sich nicht im »Multitasking«, sondern Sie führen erst das Telefongespräch mit Ihrer Freundin zu Ende, bereiten dann das Mittagessen zu, um sich nach dem Essen mit Ihrem Kind in Ruhe den Hausaufgaben zu widmen. – Statt mit dem Telefon am Ohr hektisch in der Küche zu wirbeln und Ihrem Kind zwischendurch noch Anweisungen zuzurufen, bei dem Versuch, das Telefongespräch, das Essenkochen und die Hausaufgabenbetreuung gleichzeitig zu erledigen, denn dabei werden Sie weder Ihrem Kind, Ihrer Freundin am Telefon, noch sich selbst gerecht. Sie werden feststellen, dass Sie viel entspannter und gelassener sind, weil Sie Ihre Energie nicht mehr »achtlos« verstreuen, sondern gezielt einsetzen. Auch die Emotions- und Gedankenregulierung verbessern sich durch Achtsamkeitsübungen; Ihre Gefühle werden nicht mehr so stark schwanken und starkes »Grübeln« unterbleibt.

Weniger Infekte

Ein positiver Begleiteffekt von der erzielten Entspannung und Ausgeglichenheit ist eine verbesserte Immunantwort, wie man aus der Stressforschung weiß. Wissenschaftliche Untersuchungen haben u. a. bei Hauterkrankungen (Psoriasis) unter Achtsamkeitsübungen bessere Heilungsergebnisse gezeigt als in der Kontrollgruppe (ohne Übungen).

Sie sind belastbarer

Weniger Ablenkung und bessere Konzentrationsfähigkeit führen zu weniger »Verstreuung« der eigenen Energie. Sie führen Ihre Aufgaben fokussiert zu Ende. Ihre Gedanken schweifen nicht mehr so oft ab in die Zukunft oder in die Vergangenheit.

Ihre Intuition wird besser

Die verbesserte Körperwahrnehmung, die durch die Übungen bewirkt wird (Bodyscan oder Yoga), schärft Ihre Intuition. Sie nehmen Ihre eigene Körperintelligenz, Ihr »Bauchgefühl« stärker wahr, auf das Sie vorher vielleicht nicht mehr so intensiv geachtet haben.

Die Lebensfreude nimmt zu

Nach längerer Praxis erlebt der Übende zum Teil auch grundsätzlichere Seinsqualitäten wie Mitgefühl, Herzensgüte, Gedankenstille und Einsicht. Abgesehen von den schon oben genannten Effekten wie innerer Balance und der Wahrnehmung der alltäglichen kleinen Schönheiten, bekommt das Leben durch wirkungsvolleres Handeln mehr Sinnhaftigkeit.

Was, wenn Sie sich so annehmen, wie Sie sind?
Gar nichts verändern müssen?
Was, wenn Sie Ihre Gefühle wieder spüren?
Was, wenn Liebe und Dankbarkeit Sie erfüllen?

Welche Vorurteile kursieren?

Viele Menschen können mit dem Begriff der Achtsamkeit zunächst nichts anfangen oder haben vorgefasste Meinungen darüber, was Achtsamkeit ist. Vielleicht treffen einige der genannten Vorbehalte auf Sie zu oder Ihre Freunde oder Kollegen reagieren so, wenn Sie erzählen, dass Sie seit einiger Zeit Achtsamkeitsmeditationen praktizieren:

- Achtsamkeit ist nur etwas für Buddhisten und Menschen in Klöstern.
- Achtsamkeit ist Weltflucht und für Träumer.
- Achtsamkeit ist einfach nur ein weiteres Entspannungsverfahren.
- Bei Achtsamkeitsübungen ist man weggetreten und wie in Hypnose.
- Achtsamkeit ist eine andere Art von positivem Denken.
- Achtsamkeit ist langweilig.
- Man kann Achtsamkeit anstelle von medizinischen Behandlungen und Psychotherapie einsetzen.
- Achtsamkeit ist nicht für jeden geeignet. (»Ich könnte das nicht.«)
- Achtsamkeit ist einfach nur eine Mode, die schnell wieder vergehen wird.

Schauen wir uns nun diese gängigen Ansichten einmal etwas genauer an:

Achtsamkeit ist nur für Buddhisten und Mönche

Um Achtsamkeit zu praktizieren, muss man nichts Besonderes sein. Jeder Mensch hat in sich die Fähigkeit, achtsam und aufmerksam zu sein. Tatsächlich haben die Achtsamkeitsübungen ihren Ursprung in buddhistischen Ländern, und sie sind schon über 2000 Jahre alt. Aber es gibt auch moderne, abgewandelte Formen der Achtsamkeit für Menschen im Westen, die von den ursprünglichen buddhistischen Philosophien abgekoppelt wurden und ohne einen philosophischen Überbau vermittelt werden wie die »Stressbewältigung durch die Praxis der Achtsamkeit« (»Mindfulness Based Stress Reduction«, MBSR, siehe S. 33). Übrigens gibt es auch im Christentum, im Islam, im Judentum und im Hinduismus Achtsamkeitsübungen. Man kann Achtsamkeit heutzutage lernen und praktizieren, ohne zu irgendeiner Religion zu wechseln.

Achtsamkeit ist Weltflucht

Tatsächlich gibt es in der Meditationsszene einige Leute, die sich vor ihrer Verantwortung im Leben und in ihren Beziehungen drücken und sich gerne in esoterische Welten flüchten. Achtsamkeit ist aber für solche Menschen eher abschreckend, weil es darum geht, präsent im Hier und Jetzt zu sein, und sich eben nicht in schönen Fantasiewelten zu verlieren.

Achtsamkeit dient nur der Entspannung

Achtsamkeit hat zwar einen beruhigenden und entspannenden Effekt. Das ist aber eher eine »Nebenwirkung« und nicht der Selbstzweck (siehe S. 16). Es geht nicht darum abzuschalten, sondern man bemüht sich, aufmerksam zu bleiben.

Man verfällt in Trance

Nein, es geht eben nicht darum, in eine Trance zu gehen und aus der gegenwärtigen Erfahrung »auszusteigen«, sondern bei ihr zu bleiben und nichts verändern zu wollen (was ja das Ziel der Hypnose wäre).

Achtsamkeit = positives Denken

Gedanken und Denken können während der Achtsamkeitsübungen das Objekt der Aufmerksamkeit sein, aber auch alles andere, also z. B. Geräusche, Gefühle, Empfindungen usw. Bei der Achtsamkeit werden Gedanken beobachtet und fokussiert, es wird aber in der Regel nicht gezielt gedacht.

Achtsamkeit ist langweilig

Das kann tatsächlich manchmal so sein. Hier bestehen oft falsche Erwartungen darüber, wie Meditation sein sollte. Also spannend, stimulierend, aufregend usw. Langeweile gehört aber zum Leben dazu und muss nicht immer sofort bekämpft werden. Die Langeweile kann selbst zum Meditationsobjekt werden.

Achtsamkeit als Therapieersatz

Auf keinen Fall darf man medizinische oder psychotherapeutische Maßnahmen zugunsten von Achtsamkeitsübungen wegfallen lassen. Derartige Übungen sind immer als Ergänzung zu verstehen, also komplementär. Tatsächlich können die Übungen einen Heilungsprozess aber unterstützen.

Ich kann das nicht

Eigentlich kann jeder die Übungen ausüben. Es können natürlich falsche Vorstellungen und Erwartungen vorliegen, die Sie vielleicht überprüfen sollten. Letztendlich muss man ausprobieren, ob es etwas für einen ist. So wie ein Gericht, das man noch nie gegessen hat. Vielleicht kommt man dann tatsächlich zu dem Schluss, dass es nicht »passt«. Das wäre dann auch in Ordnung. Wenn man aber falsche Vorstellungen hat und befürchtet, z. B. stundenlang still sitzen zu müssen, sollte man z. B. zunächst einmal kürzere Meditationszeiten ausprobieren. Wenn man befürchtet, hibbelig oder unruhig zu werden, kann man auch stattdessen die Gehmeditation oder Yoga in Bewegung ausprobieren. Mit der Zeit wird man durch die Übungen sowieso ruhiger und gelassener.

Das ist eine vorübergehende Mode

Es stimmt, dass Achtsamkeit im Moment total »in« ist. Und die kommerzialisierten Effekte werden wahrscheinlich wirklich nach einiger Zeit wieder nachlassen, weil eine gewisse Sättigung eingetreten ist. Achtsamkeit an sich ist aber schon einige 1 000 Jahre alt und die MBSR-Methode hält sich schon seit über 30 Jahren. Die Übungen haben schon viele Bereiche vor allem der westlichen Psychotherapie befruchtet, und es ist ein reger Gedankenaustausch in Gang gesetzt worden, bei dem sich zum Beispiel buddhistische Mönche und westliche Wissenschaftler mit dem Thema Achtsamkeit beschäftigen. Das geht meines Erachtens weit über eine flüchtige Modeerscheinung hinaus. Auch ist die Fähigkeit zur achtsamen Wahrnehmung des gegenwärtigen Momentes etwas, was jeder Mensch in sich trägt, also auch keine Mode.

Entspannung und Achtsamkeit

Was haben Entspannung, Meditation und Achtsamkeit miteinander zu tun? Oder anders gefragt, haben Sie überhaupt etwas miteinander zu tun? Denn Meditation ist definitiv keine »Entspannungstechnik«, auch wenn das oft angenommen wird. Dennoch ist ein entspannter Zustand eigentlich eine Voraussetzung für Achtsamkeit. Ich versuche, das Begriffswirrwarr hier etwas zu entknoten.

Alle unsere körperlichen Reaktionen, Verhaltensweisen, Gedanken und Gefühle bewegen sich auf einem Kontinuum zwischen Aktiviertheit und Desaktiviertheit bzw. »Nichtaktiviertheit«. Das heißt, wir können mehr oder weniger erregt (»hellwach«) oder beruhigt (Tiefschlaf) sein, mehr oder weniger angespannt oder entspannt sein (je nach Anforderung). Auf anhaltenden Stress reagieren wir meistens mit erhöhter Anspannung. Wenn es uns dann nicht gelingt, in einen ruhigeren, ausgeglicheneren Zustand zu wechseln, können sich gesundheitliche Probleme einstellen. Daher gibt es die verschiedensten Entspannungsverfahren, die extra dafür entwickelt wurden, um sich »herunterzufahren« und ins Gleichgewicht zu bringen.

Was ist eine Entspannungsreaktion?

Die Entspannungsreaktion ist auf der körperlichen Ebene z. B. dadurch gekennzeichnet, dass die Muskulatur entspannter ist, der Atem ruhiger und gleichmäßiger wird und der Blutdruck und der Puls sinken. Aber auch auf der psychischen Ebene gibt es Merkmale der Entspannung: Man ist emotional ausgeglichener, auch geistig ausgeruht (nicht nur körperlich). Man ist weniger zerstreut und lässt sich weniger ablenken. Auch besteht weniger mentale (also geistige) innere Unruhe.

Entspannungsverfahren

Die verschiedenen Entspannungsverfahren, die vor allem im klinischen Bereich entwickelt wurden, um die Entspannungsreaktion gezielt und absichtlich hervorzurufen, betonen unterschiedlich die körperlichen und psychischen Anteile. Die im Westen bekannten Methoden: Biofeedback, Autogenes Training und die Muskelentspannung nach Jacobson betonen vor allem die körperliche Entspannungsreaktion und weniger die psychische. Bei der Hypnose und imaginativen Verfahren (Fantasiereisen) bemüht man sich, auch eine geistige Entspannung zu erzielen.

Meditation

Meditative Verfahren sind sehr ausgewogen. Sie betonen sowohl die körperliche als auch die geistige Entspannung. Um in einen meditativen Bewusstseinszustand zu gelangen, muss der Körper auch entspannt sein. Man macht sich hierbei die Verknüpfung von Körper und Geist zu Nutze. Wenn der Körper sich in einer ruhigen Haltung befindet, kann auch der Geist eher zur Ruhe kommen und umgekehrt.

Die Zielsetzung bei der Achtsamkeitsmeditation geht über eine reine Entspannung noch hinaus. Die Aufmerksamkeit ist ganz auf den gegenwärtigen Moment gerichtet, also auf das, was gerade jetzt passiert. Gedanken, Gefühle, Sinnesempfindungen werden bewusst wahrgenommen, nach Möglichkeit ohne sie dabei zu bewerten.

Viele Menschen möchten von sich aus über eine rein körperliche Entspannung hinausgehen und entdecken mit der Zeit ein natürliches Bedürfnis nach Selbsterkenntnis und Persönlichkeitsentwicklung.

Anspannung wahrnehmen

Der Begriff Entspannung wird auch oft missverstanden. Wenn man nach einem anstrengenden Tag nach Hause kommt und »entspannen« will, verstehen viele darunter, alles loszulassen, gar nichts zu tun und nur noch in Ruhe gelassen zu werden. Anders in der Achtsamkeitsmeditation. Beim Praktizieren bemüht man sich z. B. die gefühlte Anspannung bewusst wahrzunehmen und ihr nicht zu »entfliehen«. Man dröhnt sich also nicht weg und man versucht auch nicht, sich abzulenken oder zu zerstreuen.

Es tritt geistige Ruhe ein

Bevor man die Achtsamkeitsübungen kennengelernt hat, sind die Unterschiede vielleicht noch nicht so klar. Mit der Zeit wird es einem aber deutlich, wo die Unterschiede und Überschneidungen liegen. Eine Übung wie der Bodyscan, der ja vor allem auch eine körperliche Entspannung bewirkt, ist im ersten Moment scheinbar nicht viel anders als die Grundübung des Autogenen Trainings. Und nach einer längeren Atemübung sind Sie vielleicht ähnlich ruhig geworden, wie nach einer Muskelentspannungsübung. Mit zunehmendem Üben werden Sie aber auch noch andere Dimensionen entdecken, die bei reinen Entspannungsübungen gar nicht vorhergesehen sind (wie z. B. eine stärkere geistige Ruhe). Sie betreten dann den Bereich der Selbsterfahrung und Selbsterkenntnis.

Meditation und Entspannungstechniken sind nicht dasselbe und doch gibt es Überlappungen. Meditation kann zwar als Begleiteffekt eine entspannende Wirkung haben, muss es aber nicht. Entspannung ist auch nicht das Ziel bei der Achtsamkeitsmeditation. Eher eine Voraussetzung, um achtsam zu sein. Der Unterschied wird einem mit zunehmender Praxis deutlicher. Entspannungstechniken sind trotzdem sehr wertvoll und sollen in ihrer Bedeutung dadurch nicht abgewertet werden.

Grundlegendes zur Achtsamkeitsmeditation

Achtsamkeit ist weniger eine bestimmte Methode, sondern eher eine Grundhaltung. Auch wenn Sie das Buch gekauft haben, weil Sie etwas in Ihrem Leben verändern möchten, geht es in der Achtsamkeitsmeditation darum, das anzunehmen, was im Augenblick ist, und gerade nichts verändern zu wollen. – Das ist nur scheinbar ein Widerspruch.

Den Geist auf etwas fokussieren

Technisch gesehen wird in der Meditation der Geist (oder ein anderes Wort: das Bewusstsein) ausgerichtet und es wird versucht, mehr oder weniger lange, die Aufmerksamkeit auf einem Meditationsobjekt zu halten. Das Objekt der Aufmerksamkeit (oder Meditationsobjekt) kann alles Mögliche sein. Beispiele sind: der Atem, Körperempfindungen, Gefühle, Gedanken, Worte, Sinneswahrnehmungen (also Sehen, Hören, Schmecken usw.), äußere Bilder, innere Bilder, eine Kerze, die Natur, der Vorgang des Gehens, überhaupt Bewegungen, Körperpositionen (im Yoga), Landschaften usw. Auch komplexere Themen, wie die Hindernisse, die bei der Meditation auftauchen, oder Mitgefühl und Herzensgüte können Thema bzw. Meditationsobjekt sein.

Neben der formellen Meditation können auch Alltagshandlungen Objekt der Meditation werden, also waschen, putzen, kochen, Auto fahren, zur Arbeit gehen, essen, Zähne putzen, die Haare kämmen, sich duschen usw. Das nennt man dann »informelle« Übungen oder informelle Meditation (weil sie eben nicht formell und ritualisiert ist).

Was bedeutet »Zielgerichtetheit«?

Für die Übungen werden immer zwei Qualitäten benötigt: die Zielgerichtetheit auf das Objekt (Absicht) und die achtsame Verbindung mit dem Objekt über die Aufmerksamkeit. Als Beispiel sei das Aufheben eines Gegenstandes genannt, der heruntergefallen ist. Wir wollen ihn aufheben. Dazu müssen wir unsere Hand ausrichten und auf den Gegenstand zielen. Die Bewegung der Hand muss aber wohlmoduliert sein, nicht zu viel und nicht zu wenig. Auch die Greifbewegung darf nicht zu lasch sein, sonst fällt der Gegenstand wieder hin, und auch nicht zu fest, sonst verkrampft man sich unnötig. Auch wenn das eine Metapher war, dürfen auch Meditationsobjekte, wie z. B. ein Gefühl oder ein Gedanke, nicht zu übertrieben oder zu lasch fokussiert werden, sonst wird die Meditation vielleicht zu anstrengend, oder Sie sind zu leicht abgelenkt.

Eine andere Metapher ist die des Fotografierens. Um ein scharfes Bild zu machen, müssen Sie die Linse genau eingestellt haben, sonst ist das Bild verwaschen und unscharf, und Sie dürfen auch nicht wackeln, sonst ist es verzittert. Im übertragenen Sinne müssen Sie also versuchen, das Objekt der Meditation scharf einzustellen, und die Einstellung über einen bestimmten Zeitraum halten.

Ungerichtete Aufmerksamkeit

Eine Besonderheit ist dann im Weiteren, dass es nicht nur fokussierte Aufmerksamkeit gibt, die also »absichtlich« auf ein bestimmtes Objekt gerichtet ist, sondern auch so etwas wie ungerichtete oder ungezielte Aufmerksamkeit, die einen größeren Raum umfasst. Im übertragenen Sinne so etwas wie ein Weitwinkelobjektiv. Sie können nämlich mit der Aufmerksamkeit hin und her »zoomen«, von auf einen Punkt gerichtet bis zu einer größeren Fläche. Sie können z. B. nicht nur auf einen Gedanken achten, sondern auch gleichzeitig auf das Gefühl, was damit verknüpft ist, plus die Körperempfindungen, die dazugehören. Je öfter Sie das üben, desto sicherer werden Sie darin.

Im wahrsten Sinne des Wortes findet also bei der Achtsamkeitsmeditation eine Bewusstseinserweiterung statt, weil Sie Ihr Bewusstsein ja auf all die erwähnten verschiedenen Aspekte erweitern, auf die Sie vorher nicht unbedingt geachtet haben.

Versenkung – die Meditation wird immer tiefer

Mit zunehmender Meditationspraxis kann man sich immer besser konzentrieren und die Aufmerksamkeit fokussieren; es tritt dann mit der Zeit eine zunehmende Vertiefung des Bewusstseins ein – auch »Versenkung« genannt. Zunächst ist der Meditierende noch auf das Objekt konzentriert und wird z. B. durch Gedanken abgelenkt. Vielleicht gelingt die Konzentration auch nicht, oder man ist unruhig oder müde. Im Verlauf wird der Meditierende dann entspannter und innerlich ruhiger, die Konzentration gelingt immer besser. Es stellen sich dann sogenannte essenzielle Qualitäten oder »Seinszustände« (Klarheit, Wachheit, Liebe, Dankbarkeit usw.) ein, die auch mit einem Glücksgefühl einhergehen können.

Bei noch tieferer Versenkung stellen sich dann irgendwann Bewusstseinszustände ein, die als »transpersonal« bezeichnet werden. Sie werden erst nach längerer Übung zugänglich. Sie sind mit Worten schwer zu beschreiben. Begriffe, die das versuchen, sind z. B. Leere, Gedankenstille, Nichtdualität oder Unendlichkeit des Raums. Diese tiefen Versenkungszustände sind auch nicht Thema dieses Buches, sondern nur der Vollständigkeit halber erwähnt. Wenn jemand Meditation mit dem Ziel der vermehrten Selbsterkenntnis verfolgt, strebt er diese tieferen Bewusstseinszustände an. Um sich leichter entspannen oder besser konzentrieren zu können, reichen aber auch völlig die Vorstufen solcher vertieften Meditationszustände aus. Auch um besser mit Stress umzugehen, werden sie nicht unbedingt benötigt.

Welche Veränderungen treten ein?

Wie sieht nun aber das Leben eines Menschen aus, der Achtsamkeitsübungen praktiziert? Wie unterscheidet er sich von einem Menschen, der das nicht tut? Wie ändert sich beispielsweise sein Verhalten? Das möchte ich an einem praktischen Beispiel erläutern:

Martin macht mehrmals in der Woche für eine bestimmte Zeit seine Übungen, das heißt, er verbringt fast jeden Tag etwas Zeit in Stille. Dabei macht er Yoga, Gartenarbeit oder beobachtet einfach nur seinen Atem. Auch wenn es nur ein paar Minuten sind, entwickelt er dadurch innere Ruhe und erholt sich in der kurzen Zeit vom Alltagsstress. Das gezielte Einüben von Stille steht besonders im Kontrast zu seinem sonst sehr hektischen und beschleunigten Leben. Auf dem Weg zur Arbeit versucht Martin ebenfalls mehr oder weniger achtsam zu sein (das gelingt nicht immer). Im Kontakt mit seinen Arbeitskollegen bemüht er sich, mehr zuzuhören und nicht sofort seine Meinung durchzusetzen. Falls negative Gefühle bei ihm auftauchen, bemerkt er sie wesentlich früher und es gelingt ihm, sie besser zu regulieren. Durch die regelmäßigen Übungen erinnert sich Martin oft daran, einfach nur im gegenwärtigen Moment zu sein, ohne ständig Pläne zu machen. Bei Meetings, die er vorher als langweilig empfand, lässt er sich jetzt öfter einfach auf die Erfahrung ein und schaut, was passiert, ohne Erwartungen. Das Meeting entfaltet sich dann sozusagen »von selbst« und ist streckenweise wieder interessant. Martin erfreut sich jetzt auch wieder öfter an Kleinigkeiten, die er früher als selbstverständlich voraussetzte bzw. nicht bemerkt hatte. Er sitzt öfter einfach da und empfindet Dankbarkeit für alles, was gut läuft und funktioniert. Durch die Übung der Gedankenbeobachtung ist ihm klar geworden, dass Gedanken nur eine Abbildung der Realität sind und nicht die Realität selbst. Ihm wird häufiger bewusst, dass seine Gedanken höchst subjektiv sind. Neben einer besseren Selbstkenntnis gelingt es ihm auch immer öfter, sich von negativen Gedanken zu distanzieren und sie einfach »loszulassen«. Es gelingt ihm, Situationen einfach so zu lassen, wie sie sind. Früher hätte er eher eingegriffen und versucht, sie zu verändern. Umgekehrt handelt Martin insgesamt wirkungsvoller als früher, weil er sich auf das konzentriert, was möglich ist, und indem er mehr auf die Erfordernisse der Situation achtet.

Man wird weder zum Opportunist noch zum Heiligen

Ist Martin jetzt dadurch ein Opportunist geworden, dem alles egal ist? Ist er so etwas wie ein Heiliger oder ein Superman, der alle seine Gefühle und Gedanken kontrollieren kann und der immer gut drauf ist mit tollen Gefühlen, wie Dankbarkeit und Mitgefühl?

Nein. Nach wie vor muss er sich gegenüber bestimmten Kollegen oder in seiner Familie abgrenzen. Er hört zwar mehr und besser zu, muss aber trotzdem weiterhin eigene Standpunkte vertreten. Auch Martin verfällt noch immer in Hektik, wenn er unter Zeitdruck kommt. Und oft ist er beim Weg zur Arbeit in Gedanken versunken und grübelt. Martin hat nach wie vor Tage, an denen er gereizt ist oder »schlecht drauf«. Es gibt Kollegen, die er nicht mag, und auch Martin braucht ab und zu Urlaub. Er streitet sich noch mit seiner Frau und ärgert sich über Unsinn, den die Kinder gemacht haben.

Den Autopilot ausschalten: vom Tun zum Sein wechseln

Der Unterschied liegt im Anteil der Zeit, in der Martin auf »Autopilot« läuft, und der Zeit, in der er achtsam ist. Er kann öfter wechseln vom hektischen Tun zum bloßen Sein im gegenwärtigen Moment. Das heißt nicht, dass es nicht auch sinnvoll sein kann, automatisierte Handlungen durchzuführen, wie z.B. beim Staubsaugen, Aufräumen oder Einkaufen. Martin hat jetzt aber immer öfter die Wahl. Ein achtsamer Lebensstil integriert beide Arten zu sein. Martins Beziehung zwischen seiner Innenwelt und der Außenwelt gestaltet sich harmonischer. Er kann sich an der Außenwelt erfreuen, ohne sich willentlich dafür anzustrengen.

Fassen wir noch einmal die beiden Funktionsarten des Bewusstseins zusammen:

- Tun (Im Englischen: »Doing-Mode«) beinhaltet meistens »rastlos« zu sein, Konzepten zu folgen, auf die Außenwelt fokussiert sein, Ziele zu haben, zu planen, negativen Erfahrungen auszuweichen, zu beurteilen und kritisch zu sein.
- Sein (Im Englischen: »Being-Mode«) beinhaltet mehr den Bereich unter der Oberfläche, Kontakt zur Innenwelt und Intuition, eine innere Aufmerksamkeit, etwas zulassen, Stille, Akzeptanz, Zufriedenheit.

Mal muss man handeln, mal die Situation laufen lassen

In dieser letzten Beschreibung wird das Sein etwas idealisiert, und es liegt eine Bewertung darin. Dabei bemüht man sich ja in der Achtsamkeit, nicht zu werten. Erfahrungen sind natürlich für sich genommen weder im Tun noch im Sein. Es hängt von unserer Reaktion ab, ob sie dazu werden oder nicht. Wenn wir aktiv eingreifen und versuchen, die Situation zu beeinflussen und zu verändern, haben wir uns für das Tun entschieden. Wenn wir die Situation einfach so beobachten, wie sie ist, verändert sie sich vielleicht dennoch, aber dann aus sich selbst heraus. Wir haben uns dann aber für den »Seins-

Modus« entschieden. Aus dem Alltag kennt man die Situation, wenn ein Problem einfach »ausgesessen« wird (das hat eine gewisse Ähnlichkeit). Die Kunst ist zu unterscheiden, wann eine Situation verändert werden sollte und wann nicht. Ein Zuviel an Tun kann zu einem »Verrennen« in eine Situation führen. Abstand kann dann oft sinnvoller sein als ein »Weitermachen«. Nicht umsonst sagt man, dass man eine Nacht über etwas schlafen will, oder dass man einen Spaziergang machen will, um den Kopf »freizubekommen«. Intuitiv sind das auch Handlungsweisen, bei denen man vom Tun zum Sein wechselt.

Martin kultiviert also durch seine Achtsamkeitspraxis vor allem seine Fähigkeit, mehr zu sein und weniger hektisch und achtlos im Autopiloten durch den Alltag zu hetzen. Seine Handlungen sind insgesamt wirkungsvoller und aufmerksamer, wenn er sich entscheidet, etwas zu tun. Er konzentriert sich auf das, was in einem bestimmten Moment möglich ist, und tut einfach das, was ansteht, anstatt sich ablenken zu lassen.

Welche Begriffe sind wichtig?

In Pali, der Sprache zu Zeiten des historischen Buddha, heißt Achtsamkeit: Sati. Das Wort hat wie das Wort Achtsamkeit im Deutschen auch noch mehrere andere Bedeutungen, z.B. Gedächtnis oder Besinnung und Erinnerung.

Die Achtsamkeitsmeditation (Englisch: Mindfulness-Meditation) wird manchmal auch mit dem Begriff Einsichtsmeditation (Englisch: Insight-Meditation) bezeichnet. Die Einsicht bezieht sich auf tiefere Sinnzusammenhänge im Leben, z.B. wie

Was steckt dahinter? Was will zum Vorschein kommen?
Sich achtsam entblättern, schauen,
was sich entfalten will. Offen sein, geduldig sein. –
Die Rinde schält sich von selbst vom Baum.

Leiden und Probleme entstehen und wie man sich davor schützen kann.

Samatha-Vipassana: Sammlung und Einsicht

Im Original wird der Begriff: »Samatha-Vipassana« gebraucht. »Samatha« bedeutet Sammlung und ununterbrochene Aufmerksamkeit. Der Begriff »Vipassana« bedeutet Einsicht. Gemeint ist so etwas wie Erkenntnis oder Einsicht, die sich durch die Sammlung in der Meditation entwickelt. Diese Einsicht ist eher intuitiv zu verstehen. Es handelt sich nicht um reines »Kopfwissen«, sondern mehr um »inneres Verstehen«. Einsicht oder »Aha-Effekte« können sich demnach besser einstellen, wenn der Geist oder das Bewusstsein nicht abgelenkt, sondern in Ruhe und konzentriert ist. Durch die Meditation können sich also langfristig Erkenntnis und Weisheit (Einsicht) entwickeln.

Metta: Mitgefühl

Weiterhin bemüht man sich in der Achtsamkeitsmeditation, Freundlichkeit und Wohlwollen zu entwickeln. Im Original wird dafür der Begriff »Metta« gebraucht. Das ist besonders nützlich bei sogenannten negativen Geisteszuständen, wie Ärger, Traurigkeit oder Ängsten. Es ist dann nützlich, eine Empfindung von Toleranz und Vergebung in sich wachzurufen und generell Freundlichkeit sich selbst und anderen gegenüber zu praktizieren.

Nachdem man gelernt hat, den Geist oder das Bewusstsein durch die Konzentration zu beruhigen, kann man auch in einen Zustand reiner Betrachtung oder »offenen Gewahrseins« übergehen. Man beobachtet dann – ohne zu bewerten – den Strom von inneren Bildern oder Empfindungen, die sogenannten Geistesinhalte. Man erkennt die Unbeständigkeit von Gedanken und Gefühlen und kommt durch diese Reflexion zu einer inneren Gelassenheit.

Die Selbstbeobachtung verschafft einem mehr Klarheit über die eigenen Einstellungen. Man lernt zu differenzieren, welche Einstellungen von Nutzen sind und welche eher Schwierigkeiten schaffen. Es gelingt leichter, wieder zur Geistesruhe zurückzufinden, wenn man sich gerade im Trubel des Alltags verloren hat. Die Einsicht in menschliche Schwächen führt zu einem bewussteren und sinnvolleren Umgang damit. Die Folgen unserer Handlungen werden durch Einsicht deutlicher und führen uns zu verantwortungsvollerem Handeln. Durch die in Metta praktizierte Grundhaltung wird die Lebensführung anteilnehmender und verantwortungsvoller. Durch die Einsicht und Erkenntnis in Lebensprozesse ergeben sich schließlich ethische Handlungsgrundlagen (siehe S. 29).

Historische Schriften: Was »sagte« Buddha zur Achtsamkeit?

Es gibt zwei überlieferte Redensammlungen des historischen Buddha, in denen die Achtsamkeit vor allem erwähnt ist. Diese Hauptquellen sind das »Satipatthana-Sutta« – Die Rede von der Vergegenwärtigung der Achtsamkeit und das »Anapanasati-Sutta« oder – Die Rede vom bewussten

Ein- und Ausatmen. Die Originaltexte sind umsonst im Internet in diversen Übersetzungen (sogar mit Kommentaren) zu finden (für besonders Interessierte). Man kann sie einfach »googeln«.

Erwähnenswert ist aus dem Satipatthana-Sutta die Einteilung in die vier Bereiche der Achtsamkeit:

1. Achtsamkeit auf den Körper
2. Achtsamkeit auf Empfindungen
3. Achtsamkeit auf den Geist (und seine wechselnden Zustände)
4. Achtsamkeit auf Geistobjekte (im Original Dharma oder Plural Dhamma).

Der im 4. Teil auftauchende Begriff »Dharma« hat mehrere Bedeutungen und ist sehr vielschichtig. Ein Beispiel für die Geistobjekte wird in der Übung zu den fünf Meditationshindernissen auf S. 97 erklärt.

Auch an anderer Stelle taucht die Achtsamkeit innerhalb des Buddhismus auf, und zwar beim »achtfachen Pfad«. Die »rechte Achtsamkeit« steht hier an siebter Stelle neben den anderen wichtigen Voraussetzungen.

Weiterhin hat Buddha insgesamt sieben Erleuchtungsfaktoren zur Befreiung des Geistes benannt, von denen der erste ebenfalls die Achtsamkeit ist. Andere sind z. B. Beharrlichkeit, Wahrheitsergründung und Gleichmut. Schließlich werden in buddhistischen Schriften noch fünf geistige Fähigkeiten benannt, nämlich: Vertrauen, Energie, Sammlung, Weisheit und an fünfter Stelle: Achtsamkeit.

Auch im klassischen Yoga (nach Patanjali) gibt es acht Stufen. Dort wird die sechste Stufe auch als Konzentration bzw. Achtsamkeit benannt (im Original: »Dharana«). Die fünfte Stufe im Yoga nennt sich »Pratyahara« oder Zurückziehen der Sinne bzw. sich durch Sinnesreize nicht ablenken zu lassen. Es gibt hier Ähnlichkeiten der Konzepte und Überschneidungen.

Achtsamkeit lässt sich schwer definieren

Sowohl im Englischen als auch im Deutschen und natürlich in den Originaltexten haben die Wörter Achtsamkeit und Einsicht eine vielschichtige Bedeutung und werden deshalb auch unterschiedlich übersetzt. Achtsamkeit ist eben kein Begriff wie »Kaffee« oder »Milch«. Je mehr Menschen versuchen, den Begriff Achtsamkeit zu definieren, desto unübersichtlicher wird es. Dabei überschneiden sich Begriffe wie Achtsamkeit und Aufmerksamkeit oder Konzentration und Sammlung. Noch schwieriger wird es, wenn man noch den Begriff »Wahrnehmung« (Englisch: »Awareness«) mit ins Spiel bringt, weil es natürlich das eine (Achtsamkeit) nicht ohne das andere (Wahrnehmung und Konzentration oder Sammlung) geben kann.

Lassen wir uns aber nicht durch solche Spitzfindigkeiten verwirren. Ich gebe Ihnen hier die Beschreibung von Jon Kabat-Zinn, weil sie mir persönlich am besten gefällt und am besten zu unserem modernen, westlichen Leben passt: Achtsamkeit bedeutet »sich dem unmittelbaren Augenblick mit einer nicht wertenden, annehmenden Haltung zuwenden – dem, was wir gerade tun, ohne in Grübeleien, Erinnerungen oder Zukunftsplanungen gefangen zu sein. Man ist einverstanden, mit dem, was gerade ist – unabhängig davon, ob eine Situation gerade angenehm oder unangenehm ist.«

Welche inneren Einstellungen sind hilfreich?

Nach den Begriffsklärungen will ich Sie als Nächstes mit der Grundhaltung und den Einstellungen vertraut machen, die man einnehmen sollte, wenn man die Achtsamkeitsübungen praktiziert. Sie helfen nicht nur, die Übungen besser zu verstehen, sondern sind generell hilfreich im Sinne einer positiven Lebenseinstellung.

Nicht beurteilen – nicht werten

Wir neigen dazu, Situationen in Bruchteilen von Sekunden zu werten. Personen werden kurz abgescannt und in eine Schublade gepackt. Wir haben sozusagen einen eingebauten »Bewertungsautomaten«, der ständig beurteilt, ob uns jemand oder etwas gefällt oder nicht. Zum Teil erfolgen diese Bewertungen automatisch und ohne großes Nachdenken. Diese Fähigkeit ist nicht grundsätzlich schlecht. Im Alltag kann es durchaus nützlich sein, eine Situation rasch einzuschätzen. Wir können uns damit aber auch selbst im Wege stehen, wenn wir »vorschnell« negativ urteilen: Sie kippen sich beim Vorstellungsgespräch Kaffee über den Rock und denken sofort: »Mist, jetzt habe ich alles vermasselt.« Oder Ihnen wird eine neue Kollegin vorgestellt und Ihr erster Gedanke ist: »Die soll kompetent sein, bei den altmodischen Klamotten, die sie trägt?« Wenn wir die Achtsamkeitsübungen durchführen, bemühen wir uns daher, wenn wir bemerken, dass wir (mal wieder) beurteilen, dies einfach nur zur Kenntnis zu nehmen, ohne gleich darauf zu reagieren und ohne es verändern zu wollen. Als Metapher kann man sich einen Spiegel vorstellen, der einfach nur zurückspiegelt, ohne Einfluss zu nehmen.

Geduldig sein

Geduld bedeutet zu akzeptieren, dass die Dinge ihre Zeit brauchen. Wenn Sie bei der Meditation unruhig werden und wieder einmal bemerken, dass Ihre Gedanken abschweifen, hilft die Erinnerung an die Geduld dabei, sich nicht zu sehr mit der Unruhe zu identifizieren. Geduld steht auch im Gegensatz zu unserer Tendenz, ständig etwas erreichen zu wollen und dauernd irgendwelchen Zielen hinterherzulaufen. Alles hat seine Zeit. Manche Dinge kommen ganz von selbst zu uns.

Anfängergeist

Das Wort hat der japanische Zen-Meister Suzuki geprägt. Es meint, dass man jeden Moment so betrachten sollte, als ob es das erste Mal wäre, also wie ein Anfänger z. B.

in der ersten Fahrstunde. Wir sind oft in Routinen erstarrt und nicht mehr offen für das, was sich gerade ereignet. Wir glauben schon alles zu kennen und alles schon einmal gemacht zu haben. Auch wenn uns etwas schon vertraut ist, wie z. B. ein Familienmitglied, ist aber trotzdem jeder Moment neu und anders. Wir können stets etwas Neues entdecken und bleiben dadurch geistig flexibel. Begegnen Sie einem Arbeitskollegen oder Nachbarn, den Sie eigentlich bereits kennen, das nächste Mal so, als ob Sie ihn das erste Mal treffen würden – ohne Erwartungen und Voreingenommenheit.

Seien Sie neugierig

Große Ähnlichkeit mit dem Anfängergeist hat der Aspekt der Neugier. Kinder sind von Natur aus neugierig und wollen alles erforschen. Mit Neugier automatisch verknüpft ist Aufmerksamkeit. Wenn Sie etwas Neues kennenlernen oder erforschen, sind Sie selbstverständlich mit der Aufmerksamkeit voll bei der Sache. Versuchen Sie, auch bei den Achtsamkeitsübungen, wie ein Forscher, immer etwas Neues zu entdecken.

Vertrauen Sie Ihrer inneren Stimme

Sind Sie überwiegend abhängig von den Meinungen Ihrer Umgebung? Oder vertrauen Sie auf Ihre innere Stimme, Ihre Intuition? Mit den Achtsamkeitsübungen verfeinern Sie Ihre Selbstwahrnehmung. Sie nehmen nun mehr Körpersignale und Stimmungen wahr als vorher. Sie müssen nun lernen, auf diese Signale zu hören. Lernen Sie wieder, Ihrer inneren Stimme zu vertrauen und die körperlichen Zeichen zu bemerken und sich entsprechend »zu verhalten«. Ist Ihre Nackenpartie verspannt? Dann bewegen Sie sich, um den Körper zu lockern, und möglicherweise brauchen Sie eine Entlastung, weil Sie im übertragenen Sinne zu viel schultern. Bemerken Sie eine verzagte Stimmung, schenken Sie sich selbst Mitgefühl und Liebe.

Nicht nach etwas streben – Ziele loslassen

Im Alltag setzen wir uns alle möglichen Ziele, die wir erreichen wollen. Wenn Sie anfangen zu meditieren, wollen Sie sicherlich auch alles Mögliche dadurch bekommen, wie Ausgeglichenheit, Selbstvertrauen und vielleicht sogar die »Erleuchtung«. Gerade darum geht es aber nicht bei der Achtsamkeit. Stattdessen übt man sich darin zu »sein« und »nichts zu tun«. Das ist erst einmal gewöhnungsbedürftig. Sie versuchen ausnahmsweise nicht anders zu sein, als Sie eigentlich sind, sondern sich anzunehmen mit allen Stärken und Schwächen. Wenn Sie eine Achtsamkeitsübung machen und dabei z. B. Ärger auftaucht, nehmen Sie ihn einfach nur zur Kenntnis und beobachten ihn als Geistesphänomen. Sie versuchen nicht ihn zu verändern. Erstaunlicherweise wird er irgendwann verflogen sein, ohne dass Sie etwas gemacht haben, außer dass Sie aktiv »nichts gemacht« haben. Als Paradox des Nicht-Greifens stellt man nach einer Weile fest, dass man einige der Ziele, die man hatte, gerade dadurch erreicht hat, dass man sie losgelassen hat.

Situationen so akzeptieren, wie sie sind

Wie oft wollen wir eine Situation nicht akzeptieren oder verändern. Es soll nicht so sein, wie es sich ereignet hat, sondern so, wie wir es wollen. Ständig lehnen wir uns gegen Ereignisse auf. Stattdessen bemühen wir uns durch die Haltung der Akzeptanz, eine Situation so, wie sie sich anbietet und entfaltet, anzunehmen, ohne »Wenn und Aber«. Dieser Punkt wird oft missverstanden. Es heißt nicht, Situationen zu beschönigen oder nicht gegen Negativität zu handeln, wenn dies möglich ist. Es geht mehr darum, nicht sinnlos gegen etwas anzukämpfen, was man nicht akzeptieren möchte z. B. aus »Dickköpfigkeit« oder Unwissenheit.

Loslassen – nicht anhaften

Können Sie manchmal nicht einschlafen, weil Sie noch zu sehr mit Gedanken beschäftigt sind? Dann wären Sie im Sinne der Achtsamkeit zu sehr mit Ihren Gedanken »identifiziert«. Ein bekanntes Phänomen beim Meditieren ist das Anhaften oder Festhaltenwollen, ein Sichklammern z. B. an ein angenehmes Gefühl oder eine angenehme Vorstellung. Umgekehrt versuchen Sie vielleicht, eine unangenehme Vorstellung oder ein negatives Gefühl »loszuwerden« und von sich wegzuschieben. Loslassen heißt in diesem Kontext, weder zu klammern noch gegen etwas anzukämpfen und es abzulehnen. Stattdessen wird z. B. das Angstgefühl oder das Kribbeln und Jucken im Bein einfach nur zur Kenntnis genommen und so gelassen, wie es ist.

Lächeln Sie beim Meditieren

Der bekannte vietnamesische Achtsamkeitsmeister Thich Nhat Hanh ermuntert seine Schüler, beim Meditieren zu lächeln. Dadurch lässt sich vermeiden, dass man mit Abneigung oder Bewertung eine Übung durchführt, sondern ermöglicht ein freudiges Willkommenheißen der folgenden Momente. Es ist durchaus erlaubt, sich am gegenwärtigen Moment zu erfreuen. Meditation muss nicht schwer und ernst sein.

Disziplin: Meditieren Sie regelmäßig!

Die Achtsamkeitsübungen fallen einem nicht zu. Man muss sich zum Teil dazu zwingen. Das scheint erst einmal ein Widerspruch dazu zu sein, da man ja freundlich und nicht zu streng mit sich umgehen sollte. Die Übungen in den Alltag einzubauen, der aber normalerweise vom Tun und Gewohnheiten bestimmt ist, bedeutet erst einmal ein »Umlernen«. Jeden Tag eine bestimmte Zeit für eine Meditation einzuplanen, ist eine große Herausforderung. Die Ablenkungen sind groß und lassen nicht auf sich warten. Es werden Ihnen 1 000 Gründe einfallen, warum Sie gerade heute nicht meditieren können. Sie müssen es aber einfach tun, egal, ob Sie gerade Lust haben oder nicht. Erst nach einigen Wochen (beim MBSR-Programm sind es acht) können Sie sagen, ob es sich für Sie gelohnt hat oder nicht. Jede neue Fähigkeit benötigt Zeit und Übung, bis sie verinnerlicht wurde. Das ist bei der Achtsamkeitsmeditation nicht anders, als wenn Sie Klavier spielen lernen oder Tennis.

Die fünf ethischen Grundprinzipien

Über diese Grundeinstellungen zur Achtsamkeit hinaus gibt es noch insgesamt fünf wichtige ethische Regeln, die jeder Person nahegelegt werden, die Achtsamkeitsübungen praktiziert. Bereits im edlen achtfachen Pfad sind Ethik und Sittlichkeit sehr hoch gewichtet. Und auch im Yoga werden zuerst einmal ethische Grundprinzipien verlangt, bevor man überhaupt anfängt zu üben. Das ist den meisten Menschen gar nicht bewusst, wenn sie z. B. zu einem Volkshochschulkurs gehen und sofort in die Yogapositionen »einsteigen«. Der Zusammenhang zwischen Ethik und Meditation ist eigentlich ganz nahe liegend. Durch die Achtsamkeitsübungen entwickelt man Einsicht und Verständnis über das Leben (ja sogar »Weisheit«). Man gewinnt mehr Verständnis über Zusammenhänge des Handelns und dessen Auswirkungen. Das bessere Verständnis um den Unterschied zwischen harmlosen und verletzenden Handlungen bewegt einen zwangsläufig dazu, mehr so zu handeln, dass man sich selbst und seiner Umgebung weniger schadet. Darüber hinaus hindern uns die fünf Ethikregeln daran, einfach nur automatisch und reflexhaft zu handeln. Sie sind eine Richtlinie, um in Harmonie mit unserer Umwelt zu leben. Wenn man die fünf Regeln nicht befolgt, führen sie zu Leiden. Dadurch würde aber unsere Integrität gefährdet. Es ist schwierig, bei einer Achtsamkeitsübung Geistesruhe zu entwickeln, wenn man parallel im realen Leben in einem »Scherbenhaufen« lebt. Die äußere und die innere Welt spiegeln sich gegenseitig. Wer seine innere Welt ins Gleichgewicht bringen möchte, sollte das also auch in seiner »normalen« Lebenswelt tun. Wie streng man die besagten Regeln befolgt, ist aber eine individuelle Entscheidung. Sie sollten auf keinen Fall zu rigide ausgelegt werden.

- **Achtung vor dem Leben:** Diese Regel verlangt die Abstinenz von Gewalt und Totschlag. Um kein Leiden durch die Zerstörung von Leben zu verursachen, soll stattdessen versucht werden, Mitgefühl zu kultivieren und das Leben von Menschen, Tieren, Pflanzen und Mineralien zu schützen. Auch die eigene Lebensweise darf keine Form des Tötens unterstützen.
- **Großzügigkeit:** Man versucht, Leiden zu vermeiden, welches durch Ausbeutung, soziale Ungerechtigkeit, Diebstahl und Unterdrückung entsteht. Man bemüht sich, für das Wohlergehen anderer Menschen, Tiere, Pflanzen und Mineralien tätig zu sein. Auf keinen Fall soll man stehlen! Das Eigentum anderer wird geachtet. Das bedeutet auch, nicht mehr zu nehmen, als man benötigt und mit dem zufrieden zu sein, was man hat. Nicht zu stehlen, heißt auch, nicht die natürlichen Ressourcen der Erde auszubeuten (Ökologie). Wörtlich heißt es im Original: »nicht das zu nehmen, was einem nicht angeboten oder gegeben wird«.
- **Sexuelle Verantwortung:** Man soll sich bemühen, die Sicherheit und Integrität von Individuen, Paaren, Familien und

der Gesellschaft zu schützen. Sexuelle Beziehungen sollen nur eingegangen werden bei Liebe und der Bereitschaft zu einer langfristigen und verpflichtenden Bindung. Die eigenen Bindungen und die der anderen sind zu respektieren. Kinder sind auf jeden Fall vor sexuellem Missbrauch zu schützen.

- **Ethisches Sprechen und Zuhören:** Man verpflichtet sich, nicht zu lügen und die Wahrheit zu sagen. Man enthält sich von Klatsch und Tratsch. Verleumdungen sind ebenso zu vermeiden. Worte können sehr verletzend sein. Man bemüht sich also, achtsam zu sein, bei dem, was man sagt. Man versucht, aufmerksam zuzuhören.
- **Achtsamer Umgang mit Konsumgütern:** Im Originaltext verpflichtet man sich, keine Drogen und keinen Alkohol zu sich zu nehmen. Man sollte auch sonst auf seine körperliche und geistige Gesundheit. Dazu gehört achtsames Essen, Trinken und Konsumieren! Man nimmt nichts zu sich, was einem schadet. Dazu gehören aber auch bestimmte Fernsehprogramme, Zeitschriften, Bücher, Computerspiele, Bücher usw. (ein Beispiel wären Gewaltfilme oder Pornografie). Nicht nur körperliche Nahrung kann schädigend sein, sondern eben auch geistige Nahrung (das wird oft vergessen).

Wie Sie sicher schon gemerkt hat, gelten diese Regeln in ähnlicher Form auch im Judentum und im Christentum (10 Gebote). Man muss also kein Buddhist sein, um sich an diese Regeln zu halten. Ob und wie sehr man sie befolgt, muss jeder für sich selbst herausfinden. Zum Beispiel ob die erste Regel jetzt bedeutet, dass man Vegetarier wird, oder ob sie einfach nur bedeutet, dass man weniger Fleisch isst, ist eine persönliche Entscheidung. Grundsätzlich gilt, je mehr Sie diese Prinzipien befolgen, desto weniger schaden Sie sich selbst und anderen. Dadurch haben Sie automatisch weniger Stress und sind weniger von Ihrer Meditation abgelenkt.

Wie die Achtsamkeit in den Westen kam

Achtsamkeitsübungen gibt es in allen religiösen Traditionen, selbstverständlich auch im Christentum z. B. in manchen Gebetsformen und Exerzitien seit Hunderten von Jahren. Die Achtsamkeitstechniken, von denen wir aber in diesem Buch reden, stammen aus dem buddhistischen Kulturkreis. Erst durch die modernen Reisemöglichkeiten und Massenmedien wurde ein intensiverer Austausch der verschiedenen Kulturen in den letzten Jahrzehnten möglich, unterbrochen durch die großen Kriege. Natürlich hatten schon immer Reisende, Orientalisten und Missionare aus Asien berichtet. Eine der ersten offiziellen Begegnungen mit dem Buddhismus begann aber erst 1893 bei einem internationalen Kongress der Religionen in Chicago. Damals präsentierten auch asiatische Lehrer ihre Systeme im Westen. Einige buddhistische Lehrer bereisten dann die USA und schließlich folgte in den 1920er Jahren der Yogi Yogananda, der sich in den USA niederließ. Während man heute an jeder Volkshochschule einen Yogakurs buchen kann, war Yoga zur damaligen Zeit noch eine Seltenheit. Große Bekanntheit erlangten auch andere asiatische Lehrer wie Vivekananda oder der in Europa ausgebildete Krishnamurti, der erstmals empfahl, man solle formelle Meditation und Dogmen hinterfragen und sich seine eigene Meinung bilden. Einer seiner prominenten Schüler was der Schriftsteller Aldous Huxley.

In Deutschland gründete Paul Dahlke (1865–1928) 1920 das buddhistische Haus in Berlin, das noch heute existiert. Zu der damaligen Zeit gab es aber nur wenige am Buddhismus Interessierte in Europa und es dauerte bis nach dem Zweiten Weltkrieg, bis es zu einem erneuten Kulturaustausch kam.

In den 1950er Jahren bekam Zen wieder mehr Bedeutung. Der japanische Lehrer Daisetz Suzuki lehrte sogar an der Columbia University. Zu seinen bekannteren Schülern gehörten z. B. die Psychologen Karen Horney und Erich Fromm. Hier kam es zur ersten Berührung mit westlichen Psychologiekonzepten. In den 1960er Jahren gingen die Beatles nach Indien und machten TM (Transzendentale Meditation) im Westen bekannt. Es setzte ein Boom ein. Die Hippiebewegung (Woodstock) und das Experimentieren mit bewusstseinserweiternden Drogen wie LSD (Timothy Leary) taten ihr Übriges.

In den 1970er Jahren kamen dann weitere anerkannte Lehrer aus Asien in den Westen (auch nach Europa und in die Schweiz) und gründeten verschiedene Zentren. Sehr beliebt im Westen ist auch der Dalai Lama, das religiöse Oberhaupt der tibetischen Buddhisten, der sich sehr um einen interdisziplinären Dialog auch mit Wissenschaftlern bemüht.

Achtsamkeitsübungen, insbesondere das MBSR-Programm (siehe S. 33), sind inzwischen als Mittel zur Stressbewältigung in zahlreichen Studien überprüft und gelten als wissenschaftlich anerkannt. In psychosomatischen Kliniken sind diese Übungen heute genauso verbreitet, wie die klassischen westlichen Stressbewältigungsmethoden (Autogenes Training, Muskelentspannung nach Jacobson). Insofern haben ursprünglich buddhistische Ideen im Rahmen der Globalisierung ihren festen Platz in der westlichen Welt gefunden, und es ist zu einer deutlichen Annäherung zwischen West und Ost gekommen.

Achtsamkeit in der westlichen Psychotherapie

Achtsamkeit ist sehr beliebt in Psychotherapeutenkreisen. Buddhistische Prinzipien, wie eine Beendigung von unnötigem Leiden und das Streben nach Glück, sowie Einsicht und Verständnis decken sich mit den meisten Zielen von westlichen Psychotherapeuten und zum Teil auch von Medizinern. Interessanterweise hatten westliche Psychotherapeuten durchaus auch schon vorher achtsamkeitsähnliche Konzepte in ihrer Arbeit entdeckt, auch wenn diese nicht so differenziert waren.

Psychoanalyse. Der Analytiker Sigmund Freud z.B. prägte den Begriff der »frei schwebenden Aufmerksamkeit«, die einer nicht identifizierten, beobachtenden Haltung sehr ähnlich ist. Auch das von ihm entwickelte »freie Assoziieren« ähnelt der nicht urteilenden und nicht wertenden Beobachtung der Achtsamkeitsübungen. Interessant ist, dass Analytiker ihre Techniken gerne als »einsichtsorientierte Verfahren« benennen. Auch in der Achtsamkeitsmeditation bemüht man sich, zur Einsicht zu gelangen (Vipassana) und die Dinge »so zu sehen, wie sie sind«, also ohne Verdrängungen und ohne eine verzerrte Wahrnehmung der Wirklichkeit.

Gesprächstherapie. Der Begründer der Gesprächspsychotherapie Carl Rogers betonte in seinen späteren Konzepten sehr den Begriff der »Präsenz«, also das »Sein« im gegenwärtigen Augenblick.

Körpertherapie. Körperpsychotherapeuten haben unabhängig von buddhistischen Konzepten ähnliche Übungen entwickelt, in denen die Aufmerksamkeit und Konzentration des Klienten zur Selbsterforschung benutzt wird. Im »Focusing« von Eugene Gendlin und in der Feldenkrais-Methode (Moshe Feldenkrais) wird die Aufmerksamkeit auf entsprechende Körperregionen und besonders bewusste und langsame Bewegungsabläufe gerichtet.

Gestalttherapie. Der Begründer der Gestalttherapie Fritz Perls, der Kontakt zu Erich Fromm hatte und sich für Zen interessierte, integrierte in seiner späteren Arbeit auch viele Übungen, die das »Spüren im Hier und Jetzt« betonten.

Verhaltenstherapie. Verhaltenstherapeuten haben eigene achtsamkeitsbasierte Programme zur Behandlung verschiedener Störungen entwickelt. Erwähnt seien MBCT (Mindfulness-Based Cognitive Therapy) von Segal, Teasdale und Williams und die dialektisch behaviourale Psychotherapie (DBT) von Marsha Linehan. Durch das MBCT-Programm gelingt es z.B. die Rückfallquote bei depressiven Erkrankungen zu senken und mit der DBT-Methode können sogar schwere Persönlichkeitsstörungen behandelt werden.

Es gibt inzwischen kaum noch eine psychische Störung, auf die nicht schon Achtsamkeitsübungen angewandt wurden.

Es gibt Programme zur Behandlung von Angststörungen, Depressionen, Burnout und Stress, Essstörungen, Persönlichkeitsstörungen, Schmerzstörungen, Sexualstörungen, Traumatisierungen und Zwangserkrankungen.

Das MBSR-Programm von Jon Kabat-Zinn

Am bekanntesten geworden ist sicherlich das psychoedukative Gruppenprogramm MBSR (Mindfulness Based Stress Reduction) über 8 Wochen, das von dem Amerikaner Jon Kabat-Zinn in den USA (Massachusetts) 1979 entwickelt wurde. Zinn führte Achtsamkeitsübungen in einer pschosomatischen Klinik ein und erzielte damit gute Ergebnisse in der Behandlung von chronisch kranken Patienten. Seine Behandlungsergebnisse wurden auch wissenschaftlich erforscht und veröffentlicht. Mehrere Tausend Patienten haben inzwischen das von ihm entwickelte 8-wöchige MBSR-Programm durchlaufen und davon profitiert. Es erfreut sich einer ungebrochenen Beliebtheit und wird weltweit unterrichtet. Sicherlich ist der Erfolg des MBSR-Programms gerade darauf zurückzuführen, dass die vermittelten Techniken »nicht religiös« sind und keinen Glauben verlangen. Dass das MBSR-Programm dann auch noch wissenschaftlich überprüft wurde und sich als wirksam erwies, machte es in westlichen Kreisen umso beliebter. Die entsprechenden Ergebnisse wurden auch in renommierten Fachzeitschriften veröffentlicht, was eine Art »Gütekriterium« in der Wissenschaftsszene ist.

Auch die Wissenschaft erforscht die Achtsamkeit

Westliche Wissenschaftler erforschen die Meditation seit den 1950er Jahren. In den Anfängen untersuchten Sie Yogis in Indien. In den 1970er Jahren erfolgten viele Studien zur Transzendentalen Meditation (TM). Seit den 1990er Jahren kann man mit bildgebenden Verfahren Meditierenden direkt ins Gehirn »schauen«.

Wie verändert Meditieren das Gehirn?

Mit der Magnetresonanztomografie lassen sich die Gehirnregionen ausmachen, die beim Meditieren aktiv sind. Das sind zum Beispiel der präfrontale Kortex und der cinguläre Kortex, also zwei Bereiche der Großhirnrinde, die für das Aufrechterhalten der Aufmerksamkeit und das Ausblenden von Störreizen verantwortlich sind. In diesen Hirnregionen findet auch ein Teil des »Konflikt-Monitorings« statt, also der Abgleich zwischen Gedanken, Gefühlen und Verhalten. Eine weitere Gehirnregion, die beim Meditieren verstärkt in Aktion tritt, ist der sogenannte Hippocampus. Diese Region ist u. a. dafür verantwortlich, Aufmerksamkeit und Emotionen zu regulieren.

Die graue Hirnsubstanz zeigt bei Meditierenden auch eine Zunahme der Dichte und der Dicke in bestimmten Hirnregionen, die mit der Selbstwahrnehmung (Interozeption), der Somatosensorik und der Aufmerksamkeitsregulation in Verbindung stehen. Übrigens findet man auch bei Menschen, die ihr Gehirn in anderer Weise intensiv nutzen, eine Verstärkung der entsprechenden Gehirnbereiche. Dies wurde zum Beispiel bei Erwachsenen, die eine zweite Fremdsprache lernen, oder solche, die es gelernt haben, gut zu jonglieren, festgestellt. Auch bei Londoner Taxifahrern, die ja ein sehr differenziertes räumliches Gedächtnis haben müssen, verändert sich das Gehirn strukturell. Das heißt, die Aussage »das Gehirn ist wie ein Muskel, man muss es trainieren« stimmt tatsächlich. Und man kann nun auch verstehen, warum das Meditieren immer besser gelingt, je öfter und länger man es praktiziert. Das Gehirn passt sich den Anforderungen an, was auch als Neuroplastizität bezeichnet wird. Ein interessanter Aspekt, der durch diese Forschung aufgeworfen wird, ist, ob man z. B. den Alterungsprozess des Gehirns durch Meditation aufhalten oder verzögern kann. Im Alter nimmt nämlich die Kortexdicke ab. Besonders wichtig für die klinische Anwendung wird es sein, herauszufinden, welche Meditationstechnik welchen Effekt hat und welche Technik z. B. genau zu einem jeweiligen Krankheitsbild passt. Diese »Passung« ist sehr wichtig, weil nicht prinzipiell jede Meditationstechnik »für alles« gut ist.

Das Mind and Life Institut fördert den Austausch

Ein sicherlich prägender wissenschaftlicher und kultureller Austausch für das Gebiet der Meditation findet durch das »Mind and Life Institut« in Boulder, Colorado (USA), statt. Seit 1985 werden regelmäßig von diesem Zentrum Gesprächsreihen zwischen Wissenschaftlern und Buddhisten veranstaltet und die Ergebnisse in seriösen Wissenschaftskreisen publiziert. Prominentester Teilnehmer an mehreren Konferenzen war und ist der Dalai Lama. In den Konferenzen wurden z. B. Neurologie und Kognitionspsychologie thematisiert. Weitere Konferenzen beschäftigten sich z. B. mit den Zusammenhängen von Gefühlen und Gesundheit, Schlafen und Träumen und Selbstlosigkeit und Mitgefühl. Dabei wurden stets westliche und buddhistische Vorstellungen miteinander abgeglichen und es kam zu einer gegenseitigen Befruchtung.

Wie erklären sich die psychotherapeutischen Effekte?

Was ist es nun aber, das die »psychotherapeutische Wirkung« von Achtsamkeitsübungen ausmacht? (Was nicht bedeuten soll, dass man mit Achtsamkeitsübungen Psychotherapie ersetzen könnte! Man kann allerdings eine Psychotherapie durch Achtsamkeitsübungen sinnvoll ergänzen.) Es sind vor allem drei Fähigkeiten, die man während der Achtsamkeitsübungen trainiert, die genauso bei psychotherapeutischer Behandlung angestrebt und geübt werden:

- Die Aufmerksamkeit zu steuern und die Konzentrationsfähigkeit zu erhöhen/die Ablenkbarkeit zu verringern.
- Die Impulskontrolle wird verbessert, die Gefühle lassen sich besser regulieren – man kann auch bei negativen Gefühlen oder provokativen Reizen entscheiden, wie man reagiert.
- Man kann sich von Gedanken und Gefühlen distanzieren, eine Vogelperspektive einnehmen; man ist seinen eigenen Gefühle und Gedanken nicht mehr ausgeliefert, sondern kann sie lenken oder eben auch einfach vorüberziehen lassen.

Die Aufmerksamkeit steuern – die Konzentrationsfähigkeit verbessern

In der Psychotherapie wird der Aufmerksamkeitssteuerung eine große Rolle zugeschrieben. Durch Achtsamkeit wird man sich z. B. mehr der Absichten bewusst, mit denen man etwas tut und warum man etwas tut. Man lernt, eigene Bewertungen von Gefühlen und Gedanken oder Körperreaktionen zunächst einmal zu erkennen. Denn die meisten Menschen sind sich gar nicht bewusst, dass Sie unablässig bewerten. Später kann man diese Bewertungen bewusst unterlassen (»kognitive Inhibition«). Man lernt, willentlich die Aufmerksamkeit zwischen verschiedenen Meditationsobjekten oder Geistesinhalten hin und her zu »schalten«. Man kann z. B. von einer schmerzenden Körperregion mit der Aufmerksamkeit zu einer nicht schmerzenden Region wechseln. Und man lernt, mit der Aufmerksamkeit über eine längere Zeitspanne bei einem Objekt zu verweilen und sich dadurch weniger ablenken zu lassen. Das Gehirn kann auch nicht mehr so einfach in seinen »Grundmodus« (»Default-Modus«) wechseln und ununterbrochen Gedanken, Assoziationsketten und Tagträumereien produzieren.

Impulskontrolle und Affektregulation – man hat die Wahl, wie man reagiert

Viele Menschen reagieren reflexhaft auf (vermeintliche) Angriffe und landen sofort einen verbalen (oder auch körperlichen) Gegenschlag. (»Mir ist die Hand ausgerutscht.«) Durch Achtsamkeit wird es möglich, dieses bisher automatisch ablaufende Reaktionsmuster zu durchbrechen. Man wird sich bewusst, dass man sich verletzt oder verärgert fühlt. Man kann nun entscheiden, wie und ob überhaupt man reagieren möchte. Bildlich gesprochen kann das Gefühl nun nicht mehr direkt der Faust den Befehl geben zuzuschlagen, sondern wird zunächst mal an das Großhirn gemeldet. Dieses ist zu wesentlich differenzierterer Betrachtung fähig. Psychotherapeutisch ausgedrückt führt Achtsamkeit zu einer Verringerung der affektiven Reaktivität.

Das Aktivierungssystem im Gehirn, das Verhalten in Gang setzt, und das System, welches Verhalten hemmt und bremst, scheinen durch Achtsamkeit weniger »überschießend« und übersteigert zu reagieren, sondern ausgeglichener. Wenn jemand Achtsamkeit praktiziert, reagiert er also weniger stark und weniger heftig auf negative Reize. Er wird gleichmütiger. (Nicht zu verwechseln mit gleichgültig!) Umgekehrt scheint auch der Drang nach Belohnung (z. B. bei Essstörungen) geringer ausgeprägt zu sein. Insgesamt reagiert der Übende also »balancierter« auf Situationen. Die Neigung zu Extremen und Übertreibungen lässt nach.

Die Perspektiven wechseln, Abstand gewinnen

Ein weiterer großer Komplex von Theorien zur Achtsamkeit beschäftigt sich mit dem Bereich der »Metakognition«. Damit ist das Einnehmen einer Vogelperspektive gemeint. Man beobachtet z. B. seine eigenen Gedanken wie ein Kameramann, der durch sein Objektiv blickt. Das ist etwas anderes als nachdenken oder grübeln. Metakognitive Einsichten meinen z. B. das Bewusstwerden der Tatsache, dass Gedanken und andere Geistesinhalte an sich keine Fakten oder Tatsachen sind. In der Achtsamkeitsmeditation entsteht so etwas wie ein Distanzieren von der eigenen Geistestätigkeit und es entsteht ein innerer Abstand dazu. Forscher haben dafür verschiedene Namen, wie Dezentrierung, Defusion, Desidentifizierung usw. Alles kompliziert klingende Begriffe, die aber alle meinen, dass der Praktizierende sich einfach weniger mit seinen Geistesinhalten identifiziert.

Praktisch ist dabei z. B. die Desidentifizierung von unangenehmen, schädlichen Inhalten wie krankhaften Ängsten oder Depressionen. Wenn Sie regelmäßig Ihre Aufmerksamkeit auf Ihre Bewusstseinsinhalte richten, werden Sie bemerken, dass diese ständig wechseln und vorübergehender Natur sind. Sie werden erkennen, dass das Selbstkonzept, das Sie bisher hatten (z. B. ich kann nicht gut für mich selbst sorgen, ich kann mich nicht durchsetzen, ich bin depressiv usw.) zum Teil nur Konstruktionen und Meinungen sind, die Sie verändern können. Auch die frühere fixe Identifizierung mit Rollen wie Hausfrau, Mutter, Vater, Sohn, Chef und oder Arbeitskollege werden »durchlässiger«. Sie übernehmen Werte nicht mehr einfach unreflektiert und Sie lassen sich auch nicht mehr in starre Rollenmuster pressen. Sie werden flexibler und können jeweils der Situation angemessen reagieren – statt nach Schema F.

Interessant ist, dass man emotional schwierigen Inhalten nicht aus dem Weg geht (wie man das ja sonst instinktiv machen würde), sondern sich ihnen »wohldosiert« mit innerem Abstand aussetzt, um dadurch eine Art Desensibilisierung stattfinden zu lassen.

Kritische Stimmen zum »Import der Achtsamkeit«

Achtsamkeit scheint also in sehr vielen Bereichen nützlich zu sein. Sie wird von Arbeitnehmern im Gesundheitswesen eingesetzt, bei der Kindererziehung, in Schulen, in Gefängnissen, in der Paartherapie, im Coaching, selbst beim Training von Sportlern. Die vielfältigen medizinischen und psychotherapeutischen Anwendungen wurden schon erwähnt. Bei diesem Achtsamkeits-Hype ist die Gefahr einer Idealisierung und Überbewertung natürlich groß.

Eine unkritische Darstellung als Allheilmittel ist nicht angemessen. Es ist nicht so, dass jedermann einfach ein paar Übungen macht, und schon führen wir alle ein glückliches Leben. Diese Darstellung wäre in der Tat naiv.

Buddhismus light. Kritiker bezeichnen die Praxis der Achtsamkeit gern als »Buddhismus light«. Hier scheinen westliche Intellektuelle auf besonders »coole« Weise ihren Narzissmus auszuleben. Das Ziel ist, sich interessant in Szene zu setzen oder sich zu entspannen. Die ursprüngliche buddhistische Philosophie erscheint dabei verwässert und für den Westen leicht verdaulich und konsumierbar gemacht. Buddhismus hat Eingang in die Wellness-Kultur gefunden und es ist schick, zu Hause einen kleinen Zen-Garten anzulegen oder eine Buddha-Statue dekorativ im Wohnzimmer stehen zu haben. Letztendlich erscheint auch Achtsamkeit nur ein weiteres Opfer unserer Konsumkultur zu sein, und auch Vipassana und Zen wurden inzwischen nach Ansicht der Kritiker viel zu stark kommerzialisiert.

Spiritueller Materialismus. Puristen sind auch empört darüber, dass Achtsamkeit nur verwendet wird, um sich etwas besser zu entspannen und um sich gut zu fühlen. Dies sei viel zu oberflächlich. Denn es geht ihrer Meinung nach ja eigentlich um viel tiefere philosophische Werte und nicht um spirituellen Materialismus.

Asiatisches Kulturgut überstülpen. Eine weitere Kritik richtet sich gegen die Beliebigkeit, mit der offenbar fremde asiatische Kulturgüter mal eben in den Westen importiert werden. Es stellt sich die Frage, ob unsere Wertvorstellungen und die Lebensentwürfe im Westen so einfach kompatibel sind mit Persönlichkeits- und Sozialvorstellungen aus Kulturen, die eher kollektivistisch orientiert sind. Kritiker beklagen, dass man z. B. eine tibetische Weltanschauung nicht einfach dem hochtechnisierten Westen überstülpen kann.

Zum Teil ist diese Kritik berechtigt. Und natürlich kann jedes System missverstanden werden. So kann auch Achtsamkeit zu einem Teil unserer Pop-Kultur und im schlimmsten Fall von ihr geschluckt werden und degenerieren, bis irgendeine neue nächste Mode in Erscheinung tritt. Es bleibt zu hoffen, dass es den Protagonisten der Achtsamkeitsbewegung gelingt, dies weitestgehend zu verhindern.

Test – Wie achtsam bin ich?

Bevor Sie mit den eigentlichen Achtsamkeitsübungen beginnen, lade ich Sie noch zu einem kurzen Selbsttest ein. Dieser lehnt sich an einen offiziellen Fragenbogen zur Achtsamkeit an. Mein Vorschlag ist, diesen vorab zu machen und ihn dann auch im Laufe der Übungspraxis zu wiederholen. Sie haben also eine Erfolgskontrolle.

Nr.	Frage	Ja	Nein
1	Fühlen Sie sich oft gehetzt und unter Zeitdruck, auch wenn es gar nicht nötig wäre? Sind Sie eher ungeduldig, hibbelig und hektisch?	☐	☐
2	Haben Sie den Eindruck, dass Sie viele Erwartungen Ihrer Familie und der Gesellschaft erfüllen müssen und dass Sie nur Rollenmuster erfüllen?	☐	☐
3	Denken Sie viel an die Zukunft und machen Sie sich viele Hoffnungen?	☐	☐
4	Kommen Sie sich vor wie im »Hamsterrad« und läuft Ihr Alltag sehr automatisch und in vielen Routinen ab (»auf Autopilot«)? »Funktionieren« Sie nur?	☐	☐
5	Weichen Sie Schmerzen und unangenehmen Erfahrungen normalerweise aus und versuchen Sie diese zu verdrängen?	☐	☐
6	Denken Sie viel an die Vergangenheit und fällt es Ihnen schwer, Erinnerungen loszulassen? Oder weinen Sie der Vergangenheit nach und denken Sie, dass früher alles besser war?	☐	☐
7	Denken Sie viel über unerledigte Projekte nach und über Dinge, die Sie noch erledigen müssen? Kommen Sie dadurch schwer zu Ruhe?	☐	☐
8	Sind Sie von Ihrem Leben stark gelangweilt? Kommt es Ihnen vor, als ob immer nur dasselbe passiert und es keine Alternativen gibt?	☐	☐
9	Können Sie Situationen so lassen, wie sie sind, oder würden Sie gerne häufig eingreifen und lieber etwas verändern?	☐	☐
10	Sind Sie sehr streng mit sich und selbstkritisch, weil Sie scheinbar öfter etwas falsch machen? Geben Sie sich selbst oft die Schuld, wenn etwas schiefgegangen ist?	☐	☐

Auswertung

Mit hoher Wahrscheinlichkeit haben Sie öfter mit Ja als mit Nein geantwortet. Das wäre ein Hinweis darauf, dass Sie einen Großteil Ihres Lebens eher »unachtsam« (ein härteres Wort wäre: »achtlos«) absolvieren und sich überwiegend im »Tun« oder »Handeln« befinden und weniger im »Sein«. Das soll natürlich keine Wertung sein und vor allem keine Kritik! Es ist, wie es ist. Machen Sie sich jetzt nicht verrückt! Sie hätten ja wahrscheinlich nicht dieses Buch gekauft, wenn Sie nicht schon wüssten, dass Sie ab und zu »unachtsam« sind, und wenn Sie nicht den Anteil der Zeit vergrößern wollten, in dem Sie achtsam sind.

Es ist auch unrealistisch, immer 100 % der Zeit achtsam zu sein. Das geht sowieso nicht. Wir bewegen uns auf einem Kontinuum von Achtsamkeit und Unachtsamkeit. Das heißt, wir sind in einer jeweiligen Situation mehr oder weniger achtsam. Was wir tun können, ist, den zeitlichen Anteil zu steigern, in dem wir achtsam, mitfühlend und »weise« sind.

Schauen wir uns die 10 Fragen unter dem Aspekt einer größeren Achtsamkeit an. Das heißt, wie könnte es sinnvollerweise sein?

1. Hektik – Entschleunigung

Natürlich ist das moderne Leben hektisch und schnell. Dem kann man sich nur schwer entziehen. Wichtig sind daher regelmäßige Pausen, Entschleunigung und bewusst eingelegte Phasen der Ruhe und Stille. Das wäre dann eher »achtsam«.

2. Starre Rolle – Perspektivwechsel

Ganz ohne »Rollen« wie Vater, Mutter, Kollege, Chef usw. geht es natürlich nicht. Rollen sind Handlungsroutinen, die nicht grundsätzlich falsch sind. Sind sie aber übergestülpt und erfüllen Sie »fremdbestimmt« vor allem Erwartungen Ihrer Firma, Ihrer Familie oder Ihres Umfeldes, ist die Wahrscheinlichkeit hoch, dass Sie weniger mit Ihren eigenen Erfahrungen im Hier und Jetzt im Kontakt sind und sich auch wenig über die eigenen Motive Ihres Handelns bewusst sind. Achtsam wäre hier z. B. ein Perspektivenwechsel mit innerem Abstand zu dem Rollenverhalten. Auch etwas mehr Selbstwahrnehmung wäre in diesem Zusammenhang nicht schlecht. Was sind denn Ihre eigenen Bedürfnisse in einer jeweiligen Situation?

3. Zukunftsprojektionen – im Jetzt leben

Es ist normal, darüber nachzudenken, »was wäre wenn« und gedanklich in die Zukunft zu projizieren. Wenn Sie aber eine Tendenz haben, häufig zu denken: »wenn doch nur …« oder »ich werde erst glücklich sein, wenn …«, dann sind Sie nicht sehr stark im Kontakt mit dem jeweiligen Augenblick. Achtsam wäre es jetzt, sich an die Erfordernisse des jeweiligen Augenblicks zu halten und das zu tun, was möglich ist.

4. Hamsterrad – auf eine Sache konzentrieren

Im Hamsterrad befinden wir uns alle bis zu einem gewissen Grad. Die Frage ist, wie sehr und wie weit Sie dazu in Abstand treten können. Achtsam wäre es, sich möglichst immer nur auf eine Sache zu konzentrieren und sich so wenig wie möglich ablenken zu lassen.

Wenn Sie Achtsamkeit üben, können Sie entscheiden, worauf Sie jeweils die Aufmerksamkeit richten.

5. Verdrängen – beobachten

Auch das Vermeiden von unangenehmen Situationen, Ausweichen und Verdrängen sind »normale« menschliche Züge. Achtsam zu sein, bedeutet aber auch, unangenehme Erfahrungen anzunehmen und zuzulassen. Achtsam zu sein, heißt in so einem Moment, die Situation zu beobachten und sich nicht in ihr zu verlieren.

6. Vergangenes festhalten – loslassen

Gute oder schlechte Erinnerungen an die Vergangenheit sind ebenfalls normal. Ein achtsamer Umgang damit bedeutet, möglichst nicht zu sehr zu werten und zu beurteilen. Natürlich kann man aus der Vergangenheit lernen und erkennen, was hilfreich war und was schädlich. In der Grundhaltung der Achtsamkeit wird aber auch versucht, nicht unnötig zu leiden und daher z.B. vermeintlich schlechte Erinnerungen loszulassen. Sie sollten sich nicht zu sehr damit beschäftigen, was alles hätte anders laufen sollen, oder wie viel schöner es gewesen wäre, wenn …

7. Grübeln – beobachten

Das ständige Grübeln und »Wiederkäuen« von Gedanken, auch Gedankenkreisen genannt, führt zu nichts, sondern ist meistens Ausdruck eines Automatismus. Die Gedanken haben sich in so einem Fall verselbstständigt. Achtsam ist es, zu überprüfen, ob man sich selbst spürt und mit sich selbst im Kontakt ist. Achtsam zu sein, heißt, in solchen Momenten innehalten zu können. Es bedeutet, die Gedanken zu beobachten, ohne sich in ihnen zu verlieren.

8. Langeweile – sich auf die Situation einlassen

Gefühle wie Langeweile und Resignation lassen auf starke Bewertung und Beurteilung schließen. Achtsam zu sein, bedeutet in diesem Fall, u.a. auch einmal »negative« Gefühle wie Langeweile einfach zuzulassen und nicht dagegen anzukämpfen. Wenn Sie sich wie abgestumpft fühlen, kann es sein, dass Sie sich von Ihren Gefühlen abgeschnitten haben, also zurzeit eigentlich gar nichts mehr fühlen. Versuchen Sie, mithilfe der Übungen wieder ins Spüren zu kommen.

9. Unzufriedenheit – in Kontakt mit sich selbst kommen

Achtsam zu sein, heißt, ein vernünftiges Gleichgewicht zwischen dem Tun/Handeln und dem Sein zu finden. Wenn Sie viel darüber nachdenken, wie eine Situation eigentlich sein sollte oder wie sie anders viel besser wäre, befinden Sie sich nicht so sehr im »Sein« und in Akzeptanz. Konzentrieren Sie sich stattdessen wieder mehr auf Ihre eigentliche Erfahrung und kommen Sie wieder in Kontakt mit sich selbst.

10. Selbstkritik – Selbstakzeptanz

Selbstakzeptanz und Selbstmitgefühl sind ebenfalls ein wichtiger Aspekt achtsamen Verhaltens. Das beinhaltet einen liebevollen und verständnisvollen Umgang mit sich selbst. Durch Achtsamkeit lernen Sie, sich so zu akzeptieren, wie Sie sind.

Die Achtsamkeits-übungen

Sie benötigen nur ¼ bis 1 Stunde pro Tag, um sich den Achtsamkeits-Meditationen zu widmen. Allerdings sollten Sie am Ball bleiben und möglichst täglich üben, auch dann, wenn Sie eigentlich gar keine Lust dazu haben.

Die Meditationspraxis: wann, wie lange und wie?

Achtsamkeitsmeditationen sind kein Wellness-Programm, um sich schnell besser zu fühlen. Falls Sie Ärger in sich angestaut haben, werden Sie zunächst genau diesen spüren, wenn Sie sich achtsam Ihren Gefühlen öffnen. Alle Gefühle, alle Körperempfindungen und alle Gedanken können kommen, sowohl die gemeinhin als positiv bewerteten als auch die als negativ angesehenen.

Wenn Sie Ihre Aufmerksamkeit vermehrt auf Ihren Körper richten, ist das zunächst ungewohnt, weil man sonst die Sinne eher auf die Außenwelt gerichtet hat. Sie spüren jetzt Ihre Körperreaktionen genauer, auf die Sie früher nicht so sehr geachtet haben, wie z. B. Ihren Herzschlag oder Verspannungen. Möglicherweise haben Sie auch neue Empfindungen in Körperregionen, die Sie bisher noch nie hatten, wie Prickeln, Wärme, Schmerzen, Pulsieren, Taubheitsgefühl, Druck, Stechen, Kälte, Wärme, Leichtigkeit, Schwere, Brennen, Zittern, Elektrisierung, Schwitzen, Muskelzucken usw. Bei der Gehmeditation kann es zu Gangunsicherheit und sogar Schwindel kommen, wenn man ungewohnt langsam geht.

Auf der psychischen Ebene werden jetzt ebenfalls innere Stimmungen und Gedanken genauer bemerkt und wahrgenommen. Das heißt, dass Sie auch Ängste, Ärger, Melancholie usw. intensiver spüren. Das ist natürlich gewöhnungsbedürftig. Umgekehrt werden aber auch angenehme Stimmungen wie Freude, gute Laune, Selbstsicherheit, innerer Frieden und Glück jetzt stärker registriert.

Lassen Sie sich von diesen Phänomenen nicht beunruhigen. Im Laufe des Gewöhnungsprozesses verflüchtigen sich die Empfindungen mit der Zeit von selbst. Die Wahrnehmung der Gefühle und der Gedanken verändert sich ohnehin mit zunehmender Übung.

Für wen sind die Übungen nicht geeignet?

Obwohl Achtsamkeit prinzipiell für alle gedacht ist und die Achtsamkeitsprinzipien universell anwendbar sind, gibt es doch ein paar Einschränkungen. Insbesondere Menschen mit schweren psychiatrischen Erkrankungen, wie z. B. Psychosen, sollten eher Abstand nehmen. Die Betonung liegt hier auf: »schwer«.

Psychische Störung. Das gilt vor allem, wenn der Betreffende aufgrund seiner Störung den Übungsanweisungen nicht richtig folgen kann (was ein Erkennungsmerkmal wäre). Achtsamkeit kann zwar bei psychischen Störungen sehr hilfreich sein. Man muss aber für die Übungen eine gewisse psychische Grundstabilität mitbringen. Wenn Sie unter einer psychischen Störung leiden und sich nicht sicher sind, ob Sie ausreichend stabil sind, fragen Sie zunächst Ihren behandelnden Psychotherapeuten. Die Achtsamkeitsübungen können generell eine gute Ergänzung der Psychotherapie darstellen.

Nie unter Drogeneinfluss! Drogen sind bei Achtsamkeitsübungen verboten. Drogen zu nehmen und Achtsamkeitsübungen zu machen, ist ein Widerspruch an sich. Führen Sie keine Übungen unter z. B. Alkoholeinfluss, Aufputschmitteln oder Einwirkung von Cannabis durch. Das gilt natürlich auch für harte Drogen.

Psychopharmaka. Ein Sonderfall sind Psychopharmaka, weil Sie das psychische Erleben auch verändern und beeinflussen. Wenn Sie Psychopharmaka einnehmen, fragen Sie zunächst Ihren Arzt. Es kann z. B. sein, dass Sie erst durch die Einnahme von Psychopharmaka so stabil sind, dass Sie die Übungen durchführen können. Umgekehrt wären Sie ohne z. B. sedierende Medikamente vielleicht weniger »abgeschirmt«, wacher und aufmerksamer und würden mehr von den Übungen mitbekommen. Letztendlich eine Ermessensfrage, die am besten der Arzt beantwortet, der die medikamentöse Einstellung veranlasst hat.

Demenz, Intelligenzminderung. Wenn jemand eine fortgeschrittene hirnorganische Beeinträchtigung hat, sind die Übungen nicht sinnvoll. Schlagen Sie die Übungen also niemandem vor, der an Demenz erkrankt ist, oder bei dem eine Intelligenzminderung vorliegt.

Traumatisierung, schwere Angststörung. Eine relative, aber keine absolute Kontraindikation gilt für traumatisierte Menschen und solche mit ausgeprägten Angststörungen. Es kann sein, dass durch die Aufmerksamkeitslenkung nach innen, vorher verdrängte Erinnerungen und unterdrückte Gefühle wieder mehr ins Bewusstsein treten. Auch kann es zu einem Gefühl des Kontrollverlusts kommen (z. B. bei der Meditation im Liegen). Falls dies auf Sie zutrifft, sprechen Sie bitte mit Ihrem Therapeuten. Eventuell wäre es sinnvoll, die Achtsamkeitsübungen unter therapeutischer Begleitung durchzuführen.

Niemanden dazu überreden! Auch wenn Sie selbst von den Übungen begeistert sein sollten und sehr davon profitieren (was ich natürlich hoffe), überreden Sie niemanden dazu! Insbesondere Personen mit geringer Einsichtsfähigkeit, die nicht daran interessiert sind, sich selbst besser kennenzulernen und Selbsterfahrung zu machen, sollten von den Übungen fernbleiben. Dasselbe gilt für Menschen, die überkritisch sind und eine aggressive, feindselige Einstellung Meditationen gegenüber an den Tag legen. Auch Personen, die nur eine sehr geringe Motivation zu den Übungen haben, sollten es lieber lassen.

Machen Sie es sich bequem. Andererseits sollte sich auch niemand von den Übungen abhalten lassen, weil er beispielsweise nicht lange auf einem Kissen am Boden sitzen kann oder eine Gehhilfe benötigt. Variieren Sie die Übungen so, dass Sie diese bequem ausführen können. Es geht nicht um Askese oder Abhärtung! Wenn Sie nicht am Boden sitzen können, nehmen Sie einen Stuhl. Wenn Sie nicht auf dem Rücken liegen können, führen Sie die Übung im Sitzen durch. Verwenden Sie Decken oder Kissen, um sich Ihren Meditationsplatz für Sie passend zu machen. Das gilt auch für die Zeitdauer, wenn Sie zwischendurch aufstehen und umhergehen müssen, dann tun Sie das. Körperliche Erkrankungen, Einschränkungen oder Gebrechen sollten kein Grund sein, sich von den Übungen abhalten zu lassen.

Was Sie benötigen

Kommen wir nun zur allgemeinen Vorbereitung der Übungen und dem Einstieg in das Programm:

Tragen Sie bequeme Kleidung

Ihre Kleidung sollte bequem sein und locker sitzen. Ein Gürtel sollte nicht zu eng sein. Die Kleidung darf nicht drücken oder einschneiden. Ziehen Sie bitte nach Möglichkeit Ihre Schuhe aus, um den Boden gut zu spüren. Eine Ausnahme sind die Gehmeditation (je nach Gelände) und informelle Meditationen im Alltag. Natürlich können Sie sich je nach Situation (z.B. bei der Arbeit) nicht jedes Mal extra umziehen. Bei der Gehmeditation können Sie beides ausprobieren. Im freien Gelände müssen Sie wahrscheinlich doch Schuhe tragen. Zu Hause oder auf einer Wiese können Sie natürlich barfuß gehen.

Welches Zubehör ist hilfreich?

Meditationskissen. Wenn Sie nicht auf einem Stuhl meditieren, benötigen Sie ein Meditationskissen (Zafu) oder ein Meditationsbänkchen. Sie finden es im Internet unter dem Stichwort: »Meditationsbedarf«. Unter dem Kissen oder dem Bänkchen liegt entweder ein Teppich oder eine weiche Unterlage.

Stuhl. Sie können beim Meditieren auch auf einem Stuhl sitzen. Am besten ist ein Stuhl ohne Armlehne. Sitzen Sie möglichst aufrecht mit geradem Rücken – nach Möglichkeit nicht anlehnen. Beide Füße sollen dabei auf dem Boden stehen. (Wenn Ihre Beine zu kurz bzw. der Stuhl zu hoch ist, legen Sie sich eine zusammengefaltete Decke oder ein festes Kissen unter die Füße.) Das Foto auf S. 47 zeigt die ideale Haltung.

Matte, Decke. Für die Meditation im Liegen benötigen Sie eine Decke und eine Matte zum Unterlegen. Bei Rückenbeschwerden empfiehlt sich die sogenannte Stufenlagerung, dabei unterlagern Sie Ihre Unterschenkel oder auch nur die Kniekehlen mit einer zusammengerollten Decke oder mehreren Kissen. Probieren Sie aus, welche Position am angenehmsten für Sie ist.

Möglicherweise benötigen Sie eine weitere Decke oder eine warme Strickjacke, da man beim Stillsitzen oder -liegen eher auskühlt.

Wecker, Meditationsuhr. Hilfreich könnte ein kleiner Wecker oder eine Meditationsuhr (Beispiel: Enso-Clock) sein. Hier stellen Sie die geplante Meditationszeit ein und brauchen sich dann nicht mehr um die Zeit zu kümmern. Der Klingelton zeigt das Ende Ihrer Meditation an und Sie kommen wieder in den Alltag zurück. Sehr beliebt sind auch Zimbeln, um den Beginn und das Ende der Übung zu markieren.

Dekoration, Ritualgegenstände. Wenn Sie sich einen Raum oder eine Ecke in der Wohnung schön dekorieren möchten, um eine entsprechende Atmosphäre zu schaffen, ist das okay, aber keine Voraussetzung. Übertreiben Sie es nicht mit Räucherstäbchen, Kerzen und Ritualgegenständen. Schlichtheit ist angesagt! Generell gilt: »so wenig Ablenkung wie möglich«! Wenn mehrere Deko- und Ritualgegenstände zusammenkommen, empfehlen sich ein kleines Tischchen und eine schöne Schale, um alles beieinander zu haben.

Gebetsketten wie Malas sind ebenfalls sehr nützlich. In diesem Buch arbeiten wir aber nicht mit Mantras (Wortwiederholungen). Gebetsketten werden also nicht benötigt.

CD-Player, iPod. Zunächst werden Sie auch einen CD-Player oder einen iPod benötigen, um sich durch die aufgenommenen Übungen unterstützen zu lassen.

Richten Sie sich einen festen Platz zum Meditieren ein

Generell sollte der Ort, an dem Sie meditieren, ruhig sein, komfortabel und ein Ort, an dem Sie wenig abgelenkt und gestört werden können. Es hängt natürlich von Ihrer Wohnsituation ab, wo Sie so einen Ort einrichten können. Gehen Sie einmal langsam und achtsam durch Ihre Wohnung oder Ihr Haus. Sie werden intuitiv erkennen, welcher Ort am ehesten passt.

Sie sollten auch nach Möglichkeit immer an demselben Ort in Ihrer Wohnung oder Ihrem Haus meditieren. Der Ort ist dann mit der Tätigkeit verknüpft und Sie kommen schneller in den Meditationszustand. Vielleicht richten Sie sich sogar eine kleine Meditationsecke ein. Sie können dort auch ein paar Bilder aufhängen und schöne Gegenstände hinstellen, die mit Meditation assoziiert sind. Aber bitte »in Maßen«. Ihre Meditationsecke sollte natürlich aufgeräumt und sauber sein!

Auch für die Gehmeditation müssen Sie einen Ort festlegen. Selbst ein kleiner Flur oder ein großes Zimmer kann ausreichend sein. Der Weg, auf dem Sie gehen, muss frei und aufgeräumt sein. Idealerweise haben Sie auch einen Park in der Nähe oder einen Garten. Um nicht »komisch« auszusehen und um Peinlichkeiten zu vermeiden, wird die Gehmeditation in der Öffentlichkeit etwas schneller als gewöhnlich durchgeführt und nicht in Zeitlupe. Hauptsache Sie sind dabei achtsam! Lassen Sie es einfach aussehen, wie einen gemütlichen Spaziergang.

Die Meditationshaltung

Meistens werden Sie die formelle Meditation im Sitzen durchführen. Ausnahme sind die Meditation im Gehen und die Alltagsmeditationen. Bei den wenigen Übungen im Liegen legen Sie sich entspannt auf den Rücken. Wenn Sie sitzen, dann muss die Körperhaltung erstens stabil und zweitens möglichst unbewegt sein (Ausnahme Yoga und Bewegungsmeditationen). Die Stabilität und Bewegungslosigkeit garantieren, dass Sie für längere Zeit sitzen können und nicht abgelenkt werden. Durch den unbewegten Körper kommt auch der Geist zur Ruhe und Sie finden zur Konzentration, die in der Meditation angestrebt wird.

Beine. Ihre Beine sind gekreuzt (»Schneidersitz«). Die Knie liegen tiefer als die Oberschenkel. Bei Gebrauch eines Sitzkissens berühren die Knie den Boden. Unter dem Sitzkissen sollte eine Matte oder eine Decke liegen, damit kein Druck auf die Knöchel und Knie entsteht. Sie können auch die Beine nach hinten abwinkeln. Dazu müssen Sie das Sitzkissen aufrichten und sich bequem hinknien. Vielleicht bevorzugen Sie auch ein kleines Meditationsbänkchen. Sollten die Beine »einschlafen«, dürfen Sie sie bewegen und ausstrecken oder einfach die Beine anders kreuzen. Man kann auch nur ein Bein anwinkeln und das andere ausstrecken. Der sogenannte Lotussitz (also vollständig gekreuzte Beine), den man aus vielen Yogaabbildungen kennt, ist nichts für Anfänger, also weglassen. Der »halbe« Lotussitz, also nur ein Bein auf dem gegenüberliegenden Oberschenkel, ist okay. Die Sehnen an den Beinen dehnen sich mit der Zeit und die zunächst ungewohnte Sitzhaltung wird immer vertrauter. Wenn die Knie nicht gleich ganz auf dem Boden liegen, erzwingen Sie es nicht.

Arme. Die Arme lassen Sie locker an den Seiten herabhängen. Die Hände sind im Schoß übereinandergelegt. Die Rechte liegt in der Linken. Die Hände können alternativ auch auf die Oberschenkel abgelegt werden. Aber ohne sich festzuhalten oder abzustützen. Lassen Sie auch sogenannte »Mudras« weg, also spezielle Fingerhaltungen, die im Yoga populär sind. Bei der Achtsamkeitsmeditation geht es um Schlichtheit. Die einzige Ausnah-

▲ Die Fotos zeigen die klassischen Meditationshaltungen im Sitzen. Probieren Sie aus, welche für Sie am bequemsten ist. Wichtig ist, dass Sie möglichst gerade, aber nicht verspannt oder verkrampft sitzen.

me wäre das Aneinanderlegen der beiden Daumen, wenn Sie die Hände im Schoß aneinandergelegt haben.

Rücken. Der Rücken ist aufrecht und gerade. Nicht verkrampft und zu steif, aber auch nicht zu leger. Stellen Sie sich vor, dass an Ihrer Scheitelmitte ein Faden nach oben zieht. Ihre Wirbelsäule wird dabei sanft gestreckt. Dieser Punkt ist besonders wichtig. Daher noch einmal: Der Rücken ist aufrecht und gerade!

Augen. Die Augen sind entweder ganz oder halb geschlossen oder offen. Vor allem, wenn man droht einzuschlafen, sollte man die Augen öffnen. Experimentieren Sie mit den verschiedenen Varianten. Der Blick soll »weich« sein. Wird ein Punkt im Blickfeld fokussiert, dürfen Sie nicht verkrampfen oder starren. Sie blicken ruhig und entspannt auf den Raum direkt vor Ihnen. Der Kopf ist gerade. Der Blick soll nicht umherschweifen.

Gesicht. Die Gesichtsmuskulatur soll entspannt sein. Damit sind vor allem der Kiefer und die Mundpartie gemeint. Die Zähne und die Lippen sind voneinander getrennt. Man kann sich vorstellen, dass zwischen sie ein Reiskorn passt. Die Zungenspitze liegt locker an den oberen Schneidezähnen.

Werden Sie sich zuletzt Ihrer Schultern bewusst. Sie sollten ganz entspannt sein. Ziehen Sie diese nicht hoch, sondern lassen sie locker herunterhängen.

Wie oft und wie lange meditieren?

Insgesamt lernen Sie 15 formelle oder »offizielle« Übungen in diesem Buch kennen, davon sind 8 Grundübungen und 7 »Fortgeschrittenen-Übungen«.

Grundübungen

- Atemmeditation im Sitzen
- Körpermeditation – Bodyscan
- Körpermeditation in Bewegung – der Sonnengruß (Yoga-Übung)
- Gehmeditation
- Körperempfindungen wahrnehmen
- Meditation über die Sinne
- Meditation über Gefühle
- Meditation über Gedanken (Mind)

Jede Übung praktizieren Sie über eine Woche lang täglich

Diese Übungen bilden die Grundlage und sollten in der vorgestellten Reihenfolge absolviert werden, da sie aufeinander aufbauen. Nehmen Sie sich bitte zum Kennenlernen jeder Übung eine Woche Zeit (wenn nötig dürfen Sie am Wochenende eine Pause machen). Das heißt, die erste Woche praktizieren Sie täglich die Atemmeditation im Sitzen, die zweite Woche täglich die Körpermeditation usw. Natürlich können Sie auch langsamer vorgehen, jedoch nicht schneller. Die beruhigende Wirkung der Meditation kann man nicht erzwingen oder beschleunigen. Die Wirkung der Übungen muss sich erst »setzen« und entfalten. Zum Kennenlernen aller Grundübungen benötigen Sie also mindestens 8 Wochen.

Fortgeschrittenen-Übungen

- offenes Gewahrsein (choiceless Awareness)
- Herzensgüte (Metta) – Mitgefühl entwickeln
- Meditation über die Hindernisse
- Gleichmut entwickeln
- Absichten und Motive erkennen
- Meditation bei Ängsten (auch bei Stress, Depression)
- Achtsam mit anderen umgehen

Mit den Fortgeschrittenen-Übungen sollten Sie erst beginnen, wenn die Grundübungen »sitzen«. Hier nehmen Sie sich auch jeweils wieder eine Übung pro Woche vor, die Sie täglich praktizieren. Alle Fortgeschrittenen-Übungen haben Sie also frühestens nach weiteren 7 Wochen absolviert.

Dieses wochenweise Vorgehen ist erprobt und hat sich immer wieder bewährt. Ich weiß wohl, dass einigen das zunächst vielleicht zu langsam erscheint und man am liebsten alles schnell mal ausprobieren will. Tatsächlich werden Sie beim beschriebenen Vorgehen schneller positive Effekte, wie Entspannung und Ausgeglichenheit, erreichen, als wenn Sie herumprobieren und von einer Übung zur anderen springen, ohne die vorhergehende »verstanden« zu haben. – Um dann möglich irgendwann das Buch in die Ecke zu werfen, »weil es ja gar nichts bringt«.

Eine Ausnahme will ich machen: Wenn Sie sehr ungeduldig sind und unbedingt eine Fortgeschrittenen-Übung ausprobieren möchten, obwohl Sie sich eigentlich noch im Grundprogramm befinden, nehmen Sie die Metta-Übung (Herzensgüte), denn diese Meditation ist am bedeutendsten.

Nach frühestens 15 Wochen sind Sie mit allen Meditationsübungen vertraut und können die Übungen für Ihre tägliche Achtsamkeitspraxis frei wählen. Es kommen dann auch noch sogenannte informelle Übungen (Achtsamkeitsmeditationen im Alltag) hinzu, die ich Ihnen im letzten Buchteil vorstelle. Hier finden Sie auch beispielhafte Wochenpläne, die die tägliche Meditationspraxis erleichtern. Falls Sie sich einmal nicht entscheiden können, welche Übung Sie machen wollen, nehmen Sie eine der ersten vier Grundübungen, also die Atemmeditation im Sitzen, die Körpermeditation, den Sonnengruß oder die Gehmeditation. Damit können Sie nichts »falsch« machen.

Meditieren Sie möglichst täglich, aber nicht länger als 60 Minuten

Zu Beginn reichen 15 Minuten am Tag. Wenn Sie auf den Geschmack gekommen sind, können Sie alle paar Tage 5 Minuten hinzufügen, bis Sie auf 45 Minuten Meditation am Tag kommen. Als Anfänger sollten 60 Minuten aber die Obergrenze sein.

Wichtig ist die Regelmäßigkeit der Übung. Üben Sie lieber nur 5–10 Minuten täglich, als dass Sie gar nicht meditieren.

Am besten gleich morgens oder am Abend meditieren

Wenn es Ihnen möglich ist, sollten Sie den Tag mit einer Meditation beginnen. Morgens sind Sie erfrischt und erholt und noch nicht so sehr durch den Alltag abgelenkt. Also ein idealer Einstieg in den Tag. Wahrscheinlich müssen Sie dafür früher aufstehen als sonst. Im Verlauf des Tages kommen dann die informellen Übungen dazu. Die Kunst ist es, sich daran zu erinnern und nicht zu vergessen, dass man ja eigentlich meditieren wollte. Da der Mensch ein Gewohnheitstier ist, wird es Ihnen leichter fallen, wenn Sie immer zur selben Zeit meditieren. Also möglichst einmal am Tag eine feste Zeit dafür festlegen.

Auch am Abend ist eine Meditation ideal, um den Tag abzuschließen und hinter sich zu lassen. Man kann dann nämlich Abstand zur Hektik des Tages trainieren. Sie wissen schon: »Dezentrierung«. Im Laufe des Tages hat man vor allem mental sehr viel Stress angesammelt. Bei der Abendmeditation kann man ihn idealerweise loslassen und danach besser schlafen.

Die CD zum Buch

Dem Buch ist eine CD beigelegt, auf der Sie folgende Übungsanleitungen finden:

- Atemmeditation im Sitzen
- Körpermeditation – Bodyscan
- Gehmeditation
- Meditation über Gefühle
- Meditation über Gedanken (Mind)
- Offenes Gewahrsein (choiceless Awareness)
- Herzensgüte (Metta) – Mitgefühl entwickeln
- informelle Übung: eine Tasse abspülen

Hören Sie sich die Übungsanleitung an, während Sie die entsprechende Übung ausführen. Wenn Sie die Übung verinnerlicht haben, werden Sie die CD nicht mehr benötigen. Vielleicht wollen Sie sich als Unterstützung auch die restlichen Übungen auf eine Kassette oder ein Diktiergerät aufnehmen. Denken Sie dabei daran, langsam zu lesen und zwischendurch für ein paar Atemzüge eine Pause zu lassen.

Wem das liegt, der kann auch ein Tagebuch führen und aufschreiben, welche Übung er gemacht hat und wie lange. Oder Fragen notieren, die im Verlauf aufgetaucht sind. Das ist eine zusätzliche Unterstützung.

Atemmeditation (im Sitzen)

Wenn Sie die Atemmeditation einmal verinnerlicht haben, können Sie diese überall und jederzeit anwenden. Wenn die Kinder Sie zur Weißglut treiben, wenn im Büro alle auf einmal etwas von Ihnen wollen, wenn Sie hektisch werden, wenn Sie das Gefühl haben, alles wächst Ihnen über den Kopf, dann ist eine kurze Atemmeditation Ihr Rettungsanker, der Sie wieder in Ihren Körper bringt und Sie zur Ruhe kommen lässt.

»All things share the same breath –
the beast, the tree, the man …
The air shares its spirit
with all the life it supports.«
(Chief Seattle)

In allen Meditationsrichtungen, egal aus welchem Kulturraum, gibt es Atemübungen. Dafür gibt es die verschiedensten Gründe. Der Atem kann sowohl bewusst als auch unbewusst ablaufen. Er ist also eine Art Schnittstelle zwischen Körper und Geist. Wenn wir uns den Atem bewusst machen, lenken wir unsere Aufmerksamkeit von der Außenwelt auf die Innenwelt und auf uns selbst. Zusätzlich tritt ein beruhigender, entspannender Effekt ein, wenn die Atmung zur Ruhe kommt. Man nennt das vegetative Regulation. In der Yoga-Tradition gibt es noch zusätzlich die Vorstellung, dass man über die Atmung (außer Sauerstoff) auch noch Energie aufnimmt und dem Körper zuführt. Bei der TCM stellt man sich dabei vor, dass die mit der Atmung aufgenommene feinstoffliche Energie die Akupunkturmeridiane entlang fließt.

Setup

Sie setzen sich mit geradem Rücken hin. Es gibt die drei Varianten mit Sitzbänkchen, auf einem Stuhl oder auf einem Meditationskissen. Die Hände liegen auf den Oberschenkeln oder im Schoß. Aufrechter Rücken bedeutet weder Verkrampfung noch zu viel Bequemlichkeit. Sie sollen also aufrecht und entspannt sitzen. Die Augen sind entweder offen oder geschlossen. Sie können diese Übung von anfangs 15 Minuten (oder auch noch kürzer) langsam auf insgesamt 60 Minuten steigern. Stellen Sie sich dazu am besten einen Wecker oder eine Meditationsuhr (z. B. Enso Clock). Die Übungsanleitung finden Sie auch auf der CD.

So läuft die Übung ab

Nachdem Sie Platz genommen haben und zur Ruhe gekommen sind, richten Sie Ihre Aufmerksamkeit auf den Atem. Sie können die Augen schließen. Blicken Sie sonst auf den Raum direkt vor sich.

Nehmen Sie einfach ein paar bewusste Atemzüge, allerdings ohne den Atem irgendwie zu kontrollieren oder zu manipulieren. Sie lassen den Atem einfach kommen und gehen. Entdecken Sie dann die verschiedenen Aspekte der Atmung. Finden Sie heraus, wo Sie den Atem am deutlichsten spüren. Achten Sie auf die Bewegung des Brustkorbs, wie er sich hebt und senkt. Oder spüren Sie, wie sich Ihr Bauch ausdehnt und zusammenzieht. Oder beachten Sie, wie die Luft an den Nasenlöchern eintritt. Folgen Sie einfach mit der Aufmerksamkeit dem Atem und verweilen Sie mit einer neugierigen Grundhaltung an der jeweiligen Stelle.

Gedankennotiz. Die Übung kann dann im Verlauf ergänzt werden durch kleine mentale Anmerkungen, die die Aufmerksamkeit verstärken. Sie können sich innerlich zum Beispiel sagen »ein« bei der Einatmung und »aus« bei der Ausatmung. Oder »ausdehnen«, wenn der Bauch einatmet, und »zusammenziehen«, wenn der Bauch sich zusammenzieht. Genauso verstärkt eine Gedankennotiz die Aufmerksamkeit, wenn Sie z. B. innerlich die Brustkorbbewegungen mit »heben« und »senken« kommentieren.

Der Atem wird sich im Verlauf verändern. Er wird mal länger, mal kürzer sein. Bemerken Sie einfach diesen Wechsel und nehmen ihn zur Kenntnis. Versuchen Sie immer nur den nächsten, einen Atemzug wahrzunehmen.

Abschweifen. Irgendwann werden Sie dann bemerken, dass Sie mit Ihren Gedanken abschweifen. Sie gehen vielleicht gedanklich durch, was Sie noch alles erledigen müssen, oder wie die letzten Tage vergangen sind. Sie haben sich also ablenken lassen. Das ist völlig normal und wird einfach nur zur Kenntnis genommen. Lassen Sie die Gedanken ziehen und gehen ihnen nicht nach. Kehren Sie wieder zur Atmung zurück. Dieses immer wieder neu anfangen ist völlig normal bei der Meditation.

Pausen zwischen den Atemzügen. Jetzt können Sie eine kleine Variation der Übung einführen, indem Sie versuchen, genau den Anfang des Atemzuges und sein Ende bewusst zu bemerken. Je genauer Sie darauf achten, desto eher werden Sie dann die Pausen zwischen den Atemzügen wahrnehmen. Zwischen jedem Atemzug gibt es eine kleine Unterbrechung. In diesem Moment achten Sie bewusst auf Ihren Körper, bevor Sie den nächsten Atemzug kommen lassen. Achten Sie darauf, den Atem nicht anzuhalten, nur weil Sie auf die entsprechende Pause warten.

Immer wieder zur Atmung zurückkehren. Falls Ihre Gedanken wieder abschweifen und mit etwas anderem beschäftigt sind, seien Sie nicht streng mit sich, sondern nachsichtig und gelassen. Fangen Sie wieder von vorne an. Es werden viele Ablenkungen auftauchen: Schmerzen, innere Bilder, Erinnerungen, Träume. Egal. Kehren Sie wieder und wieder zum Atem zurück. Nachdem Sie mehr auf die Pausen und den Anfang sowie das Ende der Atmung geachtet haben, fokussieren Sie jetzt einmal auf einen kompletten Atemzug. Versuchen Sie den gesamten Atemzug dabei zu bleiben.

Sie können auch einen Atemzug komplett verfolgen, vom Naseneingang, die Kehle hinunter bis in die Lungen und zurück.

Als Nächstes achten Sie noch genauer auf die Empfindungen wie Wärme oder Kälte der Luft, oder das sich Ausdehnen der jeweiligen Körperregionen. Die Bewegung der Körperteile, der Druck.

Schläfrigkeit. Ein weiteres Hindernis neben der Ablenkung kann Schläfrigkeit sein. Wenn Sie merken, dass Sie fast einschlafen, dann korrigieren Sie Ihre Haltung. Setzen Sie sich etwas aufrechter hin. Öffnen Sie Ihre Augen, wenn Sie geschlossen waren. Nehmen Sie ausnahmsweise wieder ein paar »mutwillige« Atemzüge, um den Atem dann schließlich wieder laufen zu lassen, ohne ihn zu manipulieren.

Wenn Sie dann irgendwann die Übung beenden, ist es wichtig, das Gefühl der Achtsamkeit nicht sofort abzulegen, sondern es noch etwas zu halten und es mit in den Tag hineinzunehmen. Versuchen Sie, die Stimmung aus der Übung hineinzutragen in die nächste Aktivität an diesem Tag.

Worauf Sie achten sollten

Die Atemübung hat verschiedene Facetten, die man nach und nach immer genauer kennenlernen kann. Es geht darum, nur bei dem jeweiligen »einen« Atemzug zu bleiben und nicht auf das zu achten, was danach oder davor kommt (das wäre eine spätere Variation der Übung). Sie üben sich darin, die Aufmerksamkeit auf einem Punkt zu halten, sich mehr und mehr Ihrer Körperempfindungen während der Atmung bewusst zu werden. Sie bemühen sich, die Kontrolle aufzugeben und den Atem einfach gewähren zu lassen. Er geht ganz von selbst. Sie versuchen die Atemzüge von Anfang bis zum Ende wahrzunehmen, sowie die Pausen dazwischen. Sie benennen den einen oder anderen Aspekt der Übung, indem Sie die Atemzüge zählen oder sich z. B. innerlich sagen »ein« und »aus« usw.

Sie trainieren sich darin, den Unterschied zwischen Fühlen und Beobachten zu bemerken. Das sind unterschiedliche Wahrnehmungsformen. Sie können z. B. die Wärme der Luft bei der Einatmung spüren oder mehr eine breite Wahrnehmung des Raumes und der Atmung haben. Dazu bedarf es allerdings einiger Übung: Bei Geübten kann die Aufmerksamkeit andere Aspekte als den Atem miteinschließen, wie eben den umgebenden Raum. Man kann auch wechseln: Atemfokus – umgebender Raum – Atem – beides – nur Atem – Atem und Raum usw. (für Fortgeschrittene). Als Nächstes schulen Sie sich darin, Ablenkungen loszulassen. Dadurch, dass Sie immer wieder zur Atmung zurückkehren und sich nicht dafür verurteilen, dass Sie irgendwelche Gedanken hatten, entwickeln Sie Ruhe und Gelassenheit und bekommen mehr Abstand zu störenden Gedanken.

Was könnte schwierig sein?

Ein klassisches Hindernis bei der Sitzmeditation ist Unbehagen oder Schmerzen. Man möchte gerne die Position wechseln. Das können Sie auch tun, aber dann bewusst und achtsam. Es ist dann Ihre Entscheidung und Sie reagieren nicht nur automatisch auf Autopilot geschaltet, sondern Sie antworten auf die Situation. Die zweite Möglichkeit ist, sitzen zu bleiben und nicht gegen die Missempfindungen anzukämpfen. Untersuchen Sie lieber genau Ihr Unbehagen. Wo befindet es sich genau? Was sind Ihre Gedanken darüber? Nehmen Sie die Position eines Beobachters ein und warten Sie zunächst ab. Da alle Erfahrungen sich irgendwann verändern, ist damit zu rechnen, dass auch dieses Unbehagen irgendwann vergeht.

Monika

» Bei Stress oder Hektik ein paar bewusste Atemzüge nehmen

Monika macht immer, wenn sie in Hektik gerät oder merkt, dass um sie herum viel Trubel herrscht, eine Minimeditation mit der Atmung. Sie hält dann inne und macht eine Art kurzen Systemcheck. Sie schließt die Augen, spürt in sich hinein und nimmt ein paar bewusste Atemzüge. Sie sagt sich innerlich begleitend zu den Atemzügen »ein, aus, ein, aus …« usw. Sie holt sich dadurch sanft wieder in die Gegenwart und von ihren Ablenkungen zurück. Dadurch, dass sie die formelle Atemübung am Morgen schon gemacht hat, ist sie schnell wieder in dem ruhigen, fokussierten Zustand, den sie sich über längere Zeit antrainiert hat. Sie kann sich dadurch immer wieder in Stressphasen entschleunigen.

Die Übung variieren

Eine weitere Möglichkeit, den Atem wahrzunehmen, ist, die einzelnen Atemzüge zu zählen, und zwar von 1 bis 10. Bei 10 angekommen, fangen Sie wieder bei 1 an. Wenn Sie sich »verzählen«, kehren Sie wieder zur 1 zurück und fangen von vorne an. Beim Zählen können Sie die Ein- und Ausatmung zusammenfassen. Also Ein- und Ausatmung, jeweils 1, 2, 3 … Oder die Einatmung wird einzeln gezählt 1 und die Ausatmung extra 2. Ein 3, Aus 4, Ein 5, Aus 6 usw. Probieren Sie beide Varianten aus und nehmen die, mit der Sie besser zurechtkommen.

Körpermeditation – Bodyscan

Jeder weiß, dass Körper und Seele zusammenhängen. Sie vermutlich auch. Aber richten Sie sich tatsächlich danach? Hören Sie auf das, was der Körper Ihnen »sagt«? Oder agieren Sie eher nach dem Motto: »Halt die Klappe und funktioniere einfach!«? Lassen Sie sich darauf ein, Ihren Körper und seine feinen Signale in dieser Übung neu zu entdecken. – Sie schulen damit nicht nur Ihre Wahrnehmung, sondern entspannen, kommen zur Ruhe und finden am Abend leicht in erholsamen Schlaf.

»Der Körper ist ein heiliges Gewand.«
(frei übersetzt nach Martha Graham)

Der Körper ist der »Tempel« der Seele oder des Geistes. Deswegen müssen wir uns um unseren Körper in besonderer Weise kümmern. Im Alltag beachten wir unseren Körper normalerweise nicht besonders. Vielleicht gehen wir einmal im Jahr zur Vorsorgeuntersuchung und zum Zahnarzt. Dann putzen wir uns noch die Zähne und denken, das würde reichen. Unser Körper gibt uns aber ständig wichtige Rückmeldungen, auf die wir nicht gelernt haben zu hören. Die psychosomatischen Zusammenhänge zwischen Körper und Seele sind ja langläufig bekannt. Jeder kennt z. B. Muskelverspannungen bei Stress. Ein weiterer Vorteil ist die »Erdung« solcher Übungen. Der Alltag lässt uns sehr viel »im Kopf« sein und wenig im Körper. Im gewissen Sinne entdecken wir also unseren Körper neu. Sie üben sich in der folgenden Übung darin, Ihren Körper besser wahrzunehmen und mehr auf seine Signale zu hören. Weiterhin bemühen Sie sich, diesen neuen Empfindungen mit Akzeptanz und mehr Gelassenheit zu begegnen. Ein weiterer Aspekt, den Sie dabei pflegen, ist der liebevolle und einfühlsamere Umgang mit Ihrem Körper.

Setup

Sie liegen auf einer bequemen Unterlage. Sie tragen lockere Kleidung und haben die Schuhe ausgezogen. Decken Sie sich zu oder legen eine Decke parat, falls Ihnen im Verlauf der Übung kühl wird. Die Übung sollte ½ bis ¾ Stunde dauern. Eine Kurzform ist später möglich, wenn Sie die lange Form beherrschen. Sie können Kissen, eine Rolle oder eine aufgerollten Decke unter Ihre Knie legen oder die Unterschenkel und Füße etwas höher lagern. Richten Sie sich so ein, dass es für Sie angenehm ist. Die Übung kann auch im Sitzen durchgeführt werden. (Klassischerweise aber im Liegen.) Vielleicht probieren Sie beide Varianten einmal aus, um den Unterschied herauszufinden.

Diese Übung ist zentral für die Achtsamkeit und ist in ihrer Natur zunächst allgemein gehalten. Später im Buch wird dann die Körpermeditation noch differenzierter und erweitert vorgestellt. Jetzt also erst einmal der Einstieg ins Thema Körperwahrnehmung. Die Übungsanleitung finden Sie auch auf der CD.

So läuft die Übung ab

Sie liegen jetzt bequem auf dem Rücken. Die Arme liegen an der Seite, die Handflächen nach oben. Die Beine sind leicht auseinander. Zunächst spüren Sie das Gewicht des Körpers auf der Unterlage. Werden Sie sich bewusst, welche Teile des Körpers Kontakt haben mit dem Boden und welche Körperpartien frei in der Luft schweben.

Atmung. Mit der Ausatmung lassen Sie etwas mehr die Anspannung im Körper los und stellen sich vor, dass Sie mehr und mehr in die Unterlage einsinken. Dann nehmen Sie Ihre Atmung wahr. So wie in der vorherigen Übung. Für ein paar Minuten folgen Sie den Atemzügen und spüren z.B. wie sich der Brustkorb bewegt, wie sich der Bauch hebt und senkt oder wie der Atem an der Nase eintritt.

Linker Fuß. Dann wandert die Aufmerksamkeit zum linken Fuß. Sie beginnen damit, Ihren großen Zeh zu spüren und wahrzunehmen. Entwickeln Sie etwas Neugier. Wie fühlt er sich an? Welche Temperatur hat er? Spüren Sie Ihre Strümpfe oder die Luft an den Füßen? Versuchen Sie dann den kleinen Zeh zu spüren. Wie sind die Empfindungen dort? Wie in den Zehen zwischen dem großen und kleinen Zeh? Können Sie vielleicht einzelne Zehen gar nicht spüren? Dann nehmen Sie das einfach nur zur Kenntnis, ohne es zu bewerten.

Als Nächstes wenden Sie die Aufmerksamkeit der linken Fußsohle zu. Dann dem Hacken. Wie liegt er auf der Unterlage auf? Wie steht der Fuß im Raum? Ist er etwas zur Seite gekippt? Wie fühlt sich der Ballen an? Versuchen Sie das alles wahrzunehmen. Wie schwer fühlt sich der Fuß an? Versuchen Sie sich vorzustellen, dass Sie in den Fuß »hineinatmen« würden. Das bedarf am Anfang etwas Fantasie. Lassen Sie den Fuß mehr und mehr los und lösen Sie restliche Anspannung auf. Versuchen Sie dann den Spann zu spüren und die Seiten des Fußes. Schließlich das Fußgelenk und dann den Fuß in seiner Gesamtheit.

Linkes Bein. Wiederholen Sie nun dieses »Scannen« mit dem linken Unterschenkel, dem Knie und dem Oberschenkel bis hin zur Hüfte und zum Po. Üben Sie sich in der Haltung der freundlichen, liebevollen, neugierigen Achtsamkeit im Bezug auf die einzelnen Partien des linken Beines. Entdecken Sie nach und nach die einzelnen Muskeln, das Gefühl der Kleidung auf der Haut. Das Gewicht der Knochen, das Gefühl in den Gelenken, die Sehnen. Vielleicht können Sie sogar den Pulsschlag im Bein spüren. Versuchen Sie dann noch einmal, das Bein in seiner Gesamtheit zu spüren, also nicht in seine Einzelteile zerlegt.

Rechter Fuß, rechtes Bein. Wenn Sie mit dem linken Bein fertig sind, wandern Sie als Nächstes mit der Aufmerksamkeit zum rechten Bein, und zwar zum großen Zeh des rechten Fußes. Vergleichen Sie zuvor noch das linke mit dem rechten Bein. Gibt es einen Unterschied, jetzt nachdem Sie das linke Bein so aufmerksam wahrgenommen haben?

Wandern Sie nun mit der Aufmerksamkeit das ganze rechte Bein hinauf, analog der Beschreibung, wie Sie es eben noch mit dem linken Bein durchgeführt haben. Lassen Sie auch hier restliche Anspannung gehen.

Becken, Bauch. Weiter geht es nun mit Ihrem »Scannen« des Körpers zum Becken, zu den Unterleibsorganen. Stellen Sie sich vor, in diese Region hineinzuatmen und entspannen Sie sie. Es folgen die ganze untere Bauchregion und der untere Rücken. Beachten Sie die Bewegungen im Unterbauch, wenn Sie ein- und ausatmen. In dieser Region bemerken Sie eventuell Gefühle. Beachten Sie sie und versuchen sie so zu lassen, wie sie sind mit der Haltung der Akzeptanz.

Brust. Schließlich wandert die Aufmerksamkeit zur Brust und zum Oberbauch. Spüren Sie den Brustkorb bei der Einatmung und bei der Ausatmung. Vielleicht spüren Sie Ihren Herzschlag. Seien Sie sich bewusst, dass alle Ihre Organe reibungslos funktionieren und Sie am Leben erhalten. Seien Sie dankbar dafür. Wenn Sie Gefühle in der Herzregion wahrnehmen, nehmen Sie sie einfach zur Kenntnis, ohne sie zu bewerten.

Linker Arm. Sie wandern nun zum linken Arm. Scannen Sie durch Ihre Finger. Wie liegen sie auf der Unterlage? Ist die Hand etwas zur Seite gekippt? Die Handfläche, der Handrücken. Wandern Sie weiter mit der Aufmerksamkeit zum Unterarm, über den Ellenbogen zum Oberarm und zur Schulter. Lassen Sie sich für jeden einzelnen Abschnitt Zeit. Wie schon bei den Beinen gilt das Wahrnehmen der Muskulatur, der Temperatur, des Gewichtes, der Sehnen, der Haut und der Knochen. Zusätzlich die umgebende Luft und die Kleidung am Körper. Wenn Sie Anspannung wahrnehmen, versuchen Sie sie loszulassen und in die Stelle hineinzuatmen. Dasselbe gilt für Schmerzen.

Rechter Arm. Nach dem linken Arm arbeiten Sie sich genauso durch den rechten Arm hindurch, von den Fingerspitzen bis zu der rechten Schulter. Lassen Sie übertriebene Anspannung los.

Nacken, Kopf. Schließlich richten Sie die Aufmerksamkeit auf den Nacken und Hals. Nach und nach folgen die einzelnen Gesichtspartien, der Kiefer, die Lippen, der Mundraum innen, die Nase, die Augenregion, die Wangen, die Stirn und die Schläfen. Im Kiefer und auf der Stirn befinden sich oft Verspannungen. Versuchen Sie sie loszulassen. Es folgen der Scheitel und der Hinterkopf. Scannen Sie mit Wohlwollen und Achtsamkeit durch diese gesamte Kopfregion.

Gesamter Körper. Nachdem Sie die Aufmerksamkeit so fokussiert haben, wird dann zum Abschluss eine weitere Perspektive eingenommen. Bekommen Sie daher jetzt ein Gefühl von Ihrem Körper als Gesamtheit. Erfahren Sie bewusst die Ruhe und Stille, in der Sie sich jetzt befinden. Lassen Sie diese Empfindung des »Seins« auf sich wirken.

Schließlich beenden Sie die Übung langsam und ruhig, wie in Zeitlupe. Bewahren Sie sich das Gefühl der Achtsamkeit und des »Seins« für die unmittelbar anschließenden Handlungen. Versuchen Sie, sich dieses Gefühl noch eine Weile zu erhalten, ohne es festhalten zu wollen. Lassen Sie es in den Tag nachwirken.

Worauf Sie achten sollten

Es geht darum, den Körper als »Messinstrument« zu trainieren, Anspannungen, die sich aufbauen, früher wahrzunehmen. Überhaupt können sich alte Emotionen oder Blockaden im Körper auflösen, wenn Sie regelmäßig Ihre Körperwahrnehmung pflegen. Sie schulen sich darin, zwischen einer allgemeinen, breiten Aufmerksamkeit z. B. für den gesamten Körper und den ihn umgebenden Raum zu einer sehr fokussierten Wahrnehmung z. B. des kleinen Zehs hin und her zu wechseln. Sie lernen sozusagen hin und her zu zoomen, eine Fähigkeit, die Sie auch im Alltag gebrauchen können. Es geht auch darum, wieder mehr im Körper zu sein und nicht so sehr im Kopf. Lernen Sie die faszinierende Sprache des Körpers und was er Ihnen mitteilen möchte. Kommen Sie wieder in Kontakt mit Ihrem Körper und wenn Sie den Kontakt verlieren, kehren Sie wieder mit der Aufmerksamkeit zum Körper zurück (ähnlich, wie Sie es schon mit der Atmung gelernt haben). Gleichzeitig bekommen Sie ein Gespür dafür, Dinge einfach so sein zu lassen, wie sie sind. Also vom ständigen Tun mehr zum Sein überzugehen.

Was könnte schwierig sein?

Vielleicht können Sie die Konzentration nicht dauerhaft halten. Normalerweise achtet man nicht so sehr auf Körperempfindungen. Wenn Sie jetzt gezielt auf den Körper achten, nehmen Sie eventuell Stimmungen und Schmerzen deutlicher wahr als früher. Sie hatten sie bisher nur gut verdrängt. Jetzt drängen Sie mehr in den Vordergrund. Das ist zunächst »gewöhnungsbedürftig«. Vielleicht haben Sie daher das Bedürfnis, die Übung abzubrechen. Versuchen Sie aber stattdessen immer ein wenig länger weiterzumachen. »Bleiben Sie sozusagen dran!« Vielleicht werden tiefsitzende Emotionen gelöst. Der Bodyscan muss nicht immer entspannend und erfrischend sein. Er kann Sie auch einmal ärgerlich oder sogar ängstlich zurücklassen. Vielleicht fragen Sie sich auch, was das alles soll, oder die Übung trifft nicht Ihren Geschmack. Oder Sie sind einfach nur eingeschlafen. Mit all diesen »Komplikationen« müssen Sie rechnen. Lassen Sie sich aber dadurch nicht beirren. So ist Meditation eben. Immer wieder ein Neuanfang!

Wer absolut nicht so lange »ruhen« will oder kann, versucht vielleicht zunächst Körpermeditationen in Bewegung, wie Yoga, Chi-Gong oder Tai-Chi oder die Meditation im Gehen.

Thomas

» Auf die Körpersignale achten, Verspannungen frühzeitig bemerken

Thomas macht seit einiger Zeit die Körpermeditation. Er bemerkt jetzt früher, wann ihm sein Körper Rückmeldungen gibt, und kann diese Körperempfindungen besser zuordnen (z. B. Muskelverspannungen). Er fühlt sich jetzt auch mehr im Körper zu Hause und achtet mehr auf sich. Thomas hat sich früher immer mit Arbeit zugeschüttet und versucht, mehrere Sachen gleichzeitig zu erledigen. Jetzt bleibt er mehr bei einer Sache. Einen Großteil seiner Arbeitszeit verbringt Thomas mit Kopftätigkeiten, also planen, denken, entwerfen etc. Selbst Hungersignale werden verdrängt, weil keine Zeit ist (ein Schokoriegel muss dann her). Auch beim Sport im Fitnessstudio hatte Thomas bisher immer Kopfhörer auf, Musik gehört und sich abgelenkt. Durch die Körperübung ist er jetzt weniger vom Körper »entfernt« und mehr im Kontakt mit ihm. Das tut ihm gut, auch wenn es zunächst eine Umstellung war. Zwischendurch bei der Arbeit »horcht« Thomas öfters einmal in seine momentanen Körperempfindungen hinein. Er fragt sich dann »Was spüre ich gerade im Körper?« und macht einen Systemcheck. Wenn er Anspannung spürt, schaltet er bewusst einen Gang runter und geht die Situation ruhiger an. Er mag sich selbst mehr und verzeiht sich eher kleine Schwächen (»Selbstakzeptanz«).

Die Übung variieren

In einer Variante des Bodyscans stellt man sich vor, dass sich eine Öffnung an den beiden Fußsohlen und am Scheitel befinden, durch die man »durchatmen« kann. Vielleicht mögen Sie das einmal ausprobieren. Stellen Sie sich für ein paar Minuten vor, wie die Luft und der Sauerstoff durch ihren gesamten Körper durch diese Öffnungen hinein- und hinausfließen. Stellen Sie sich vor, wie jede Zelle im Körper von Sauerstoff genährt und energetisiert wird.

Körpermeditation in Bewegung – der Sonnengruß

Der Sonnengruß ist ein idealer Start in den Tag. Sie wecken Ihren Körper auf, dehnen ihn achtsam, laden ihn mit Energie auf und machen ihn bereit für den Tag. Wenn Sie diese bewegte Körpermeditation regelmäßig praktizieren, werden Sie beweglicher, kraftvoller und konzentrierter. – Ihre Seele wird gern in Ihrem Körper wohnen.

*»Tu deinem Leib etwas Gutes.
Damit deine Seele Lust hat,
darin zu wohnen.« (Teresa von Avila)*

Eine weitere Körpermeditation (diesmal in Bewegung) ist der Sonnengruß aus dem Hatha-Yoga. Es handelt sich um einen Zyklus von 12 Körperpositionen, die den Körper einmal komplett durchbewegen, mobilisieren und dehnen. Abgesehen davon, dass es eine schöne symbolische Handlung ist, den Tag bei Sonnenaufgang zu begrüßen und bei Sonnenuntergang zu verabschieden, steigern Sie durch die Übung Ihre Gelenkigkeit, Muskelkraft, Koordination und Dehnbarkeit.

Während Sie die Übung durchführen, berücksichtigen Sie bitte dieselben Prinzipien wie bisher, also Geduld, Akzeptanz, Neugier, Offenheit usw. Machen Sie die Übungen unbedingt achtsam und langsam, so wie in Zeitlupe. Verweilen Sie für längere Zeit in den jeweiligen Positionen und spüren Sie intensiv in den Körper hinein. Es kommt nicht darauf an, die Übung perfekt durchzuführen.

Setup

Klassischerweise machen Sie die Übung am Morgen nach dem Aufstehen. Sie müssen dazu bewegliche, lockere, weite Kleidung tragen. Wenn Sie gerade aus dem Bett kommen, ist der Pyjama also gerade recht; ansonsten ein Hausanzug. Eine Matte wäre ideal für den Teil auf dem Boden. Ein Teppich tut es aber auch.

So läuft die Übung ab

Der Sonnengruß ist ein Zyklus von 12 Haltungen, die Sie langsam und bewusst nacheinander einnehmen. Gehen Sie nur so weit in die gezeigte Stellung, wie es schmerzfrei möglich ist. Führen Sie den Stellungswechsel langsam aus und spüren in jeder Haltung in Ihren Körper hinein. Lassen Sie den Atem dabei frei fließen.

Erst später, wenn die Übung geschmeidiger gelingt, können Sie, wenn Sie mögen, den Atem wie beschrieben dazunehmen. Aber erzwingen Sie nichts, wenn Sie häufiger als angegeben atmen, dann ist das auch in Ordnung.

- **1. Grußstellung:** Aufrechte Haltung. Füße nebeneinander. Blick geradeaus. Handflächen aneinandergelegt vor der Brust. Langsam und gleichmäßig atmen.
- **2. Armheben:** Beide Arme über den Kopf strecken. Wirbelsäule dehnen. Dabei das Gesicht etwas anheben. Einatmen.
- **3. Fußfassen:** Nach vorne beugen. Wirbelsäule entspannen. Nach Möglichkeit mit den Händen den Boden berühren. Bei Bedarf dafür die Knie beugen. Nacken und Schulter entspannen. Ausatmen.
- **4. Reiterstellung:** Linkes Bein nach hinten ausstrecken. Rechtes Knie nach vorne beugen. Brustkorb dehnen. Kopf und Hals etwas nach oben strecken. Einatmen.
- **5. Bergstellung:** Linkes Bein wieder nach vorne ziehen und neben das rechte stellen. Beine und Arme strecken. Gesäß und Hüfte dazu anheben. Rückseite der Beine strecken. Sie bilden ein umgekehrtes V. Ausatmen.
- **6. Acht-Punkte-Stellung:** Sie berühren den Boden mit beiden Füßen, mit beiden Knien, mit den Händen, mit der Brust und dem Kinn. Das Körpergewicht lastet auf Händen und Zehen. Ein- und ausatmen.
- **7. Kobrastellung:** Jetzt den Brustkorb und den Kopf anheben und strecken. Zu Beginn nur die Rückenmuskeln benutzen. Vorsichtig! Keine zu starke Beugung nach hinten! Die Arme vorsichtig strecken. Einatmen.
- **8. Bergstellung:** Die Punkte 1 bis 5 werden jetzt in umgekehrter Reihenfolge wiederholt. Zunächst wieder die Bergstellung (umgekehrtes V). Dabei ausatmen.
- **9. Reiterstellung:** Diesmal linkes Bein vorne gebeugt und rechtes Bein nach hinten gestreckt. Einatmen.
- **10. Fußfassen:** Rechter Fuß nach vorne. Gesäß nach oben. Hände möglichst auf den Boden. Bei Bedarf die Knie beugen. Ausatmen.
- **11. Armheben:** Wieder aufrichten. Arme über den Kopf strecken. Wirbelsäule dehnen. Einatmen.
- **12. Grußstellung:** Die Ruhestellung aus 1 wiederholen. Ausatmen beim Absenken der Arme. In der Gebetshaltung dann noch kurz verweilen und ein paar Mal bewusst ein- und ausatmen.

Worauf Sie achten sollten

Sie können den Zyklus mehrmals wiederholen. Allerdings nicht mehr als 12-mal. Man kann die Übung kraftvoll und schnell machen. Dann trainieren Sie Ihr Herz und Ihren Kreislauf. Im Sinne der Achtsamkeit sollten Sie die Übung aber langsam und entspannt ausführen. So erzielen Sie die gewünschte beruhigende Wirkung auf Körper und Geist. Bleiben Sie bei jeder Bewegung mit der Aufmerksamkeit beim Körper.

Wenn Sie eine Spannung oder Blockade bemerken, versuchen Sie, sie loszulassen und/oder in die Stelle hineinzuatmen. Lernen Sie genau auf die Signale Ihres Körpers zu hören. Gehen Sie nicht über Ihre Grenzen hinaus. Erzwingen Sie nichts.

1 Grußstellung: Aufrechte Haltung. Füße nebeneinander. Blick geradeaus. Handflächen aneinandergelegt vor der Brust. Langsam und gleichmäßig atmen.

2 Armheben: Beide Arme über den Kopf strecken. Wirbelsäule dehnen. Dabei das Gesicht etwas anheben. Einatmen.

3 Fußfassen: Nach vorne beugen. Wirbelsäule entspannen. Nach Möglichkeit mit den Händen den Boden berühren. Bei Bedarf dafür die Knie beugen. Nacken und Schulter entspannen. Ausatmen.

4 Reiterstellung: Linkes Bein nach hinten ausstrecken. Rechtes Knie nach vorne beugen. Brustkorb dehnen. Kopf und Hals etwas nach oben strecken. Einatmen.

5 Bergstellung: Linkes Bein wieder nach vorne ziehen und neben das rechte stellen. Beine und Arme strecken. Gesäß und Hüfte dazu anheben. Rückseite der Beine strecken. Sie bilden ein umgekehrtes V. Ausatmen.

6 Acht-Punkte-Stellung: Sie berühren den Boden mit beiden Füßen, mit beiden Knien, mit den Händen, mit der Brust und dem Kinn. Das Körpergewicht lastet auf Händen und Zehen. Ein- und ausatmen.

7 **Kobrastellung: Jetzt den Brustkorb und den Kopf anheben und strecken. Zu Beginn nur die Rückenmuskeln benutzen. Vorsichtig! Keine zu starke Beugung nach hinten! Die Arme vorsichtig strecken. Einatmen.**

8 **Bergstellung: Die Punkte 1 bis 5 werden jetzt in umgekehrter Reihenfolge wiederholt. Zunächst wieder die Bergstellung (umgekehrtes V). Dabei ausatmen.**

9 **Reiterstellung: Anders als auf dem Foto zu sehen, bitte diesmal linkes Bein nach vorn beugen und rechtes Bein nach hinten strecken. Einatmen.**

10 Fußfassen: Rechter Fuß nach vorne. Gesäß nach oben. Hände möglichst auf den Boden. Bei Bedarf die Knie beugen. Ausatmen.

11 Armheben: Wieder aufrichten. Arme über den Kopf strecken. Wirbelsäule dehnen. Einatmen.

12 Grußstellung: Die Ruhestellung aus 1 wiederholen. Ausatmen beim Absenken der Arme. In der Gebetshaltung dann noch kurz verweilen und ein paar Mal bewusst ein- und ausatmen.

Was könnte schwierig sein?

Wenn Sie lange keinen Sport mehr gemacht haben, werden Ihnen die Bewegungen zunächst ungewohnt vorkommen. Vor allem das Fußfassen gelingt nicht gleich auf Anhieb. Es kann sein, dass Sie nicht mit den Händen an den Boden gelangen. Sie können dann alternativ die Knie beugen, um dadurch tiefer zu kommen, oder Sie lassen die Arme einfach hängen. Entscheidend ist, dass die Schulter- und Nackenregion entspannt ist. Bei der Kobra wird der Rücken oft zu sehr gebeugt. Es reicht, wenn Sie die Bewegung nur andeuten. Auf keinen Fall sollen Sie die Arme unbedingt durchdrücken, um den Brustkorb besonders hoch zu bekommen.

Claudia

» Der ideale Kaffee-Ersatz – man fühlt sich wach und kraftvoll

Claudia hat früher den Tag immer mit einer Tasse Kaffee begonnen. Nun macht Sie nach der Morgentoilette stattdessen den Sonnengruß, um achtsam in den Tag zu starten. Wenn Sie wenig Zeit hat, sonst noch andere formelle Übungen am Tage durchzuführen, kann Sie wenigstens am Abend den Tag noch achtsam ausklingen lassen. Sie macht den Sonnengruß dann zum Tagesabschluss, bevor Sie ins Bett geht. Im Büro baut Sie zwischendurch eine Minimeditation ein, indem Sie den Sonnengruß auf dem Bürostuhl macht. Gerade nach längerer körperlicher Inaktivität und langem Sitzen ein schönes »Aufwecken des Körpers«. Claudia hat dadurch gelernt, Meditation in den Alltag einzubauen und lieber ein paar kleine Übungen zu machen als gar keine.

Für das Büro: Sonnengruß im Sitzen

Vom Sonnengruß gibt es auch eine Variante, die man im Sitzen auf einem Stuhl durchführen kann, z.B. in der Pause im Büro. Falls möglich, ziehen Sie die Schuhe aus, damit Sie guten Kontakt zum Boden haben. Wie auch beim Sonnengruß im Stehen lassen Sie bei der Übung den Atem zunächst frei fließen. Erst wenn Sie die Stellungen flüssig ausführen können, kann der Atem wie beschrieben hinzugenommen werden.

- 1. Sie sitzen auf einem stabilen Stuhl und haben die Füße flach auf dem Boden. Dann falten Sie die Hände vor der Brust und zentrieren sich. Ruhig atmen.
- 2. Sie heben die Arme über den Kopf und dehnen den Oberkörper und die Schultern. Einatmen.
- 3. Sie beugen sich vorne über und legen Ihren Oberkörper auf Ihren Oberschenkeln ab. Die Arme lassen Sie locker hängen. Der Rücken ist entspannt. Die Hände berühren den Boden. Ausatmen.
- 4. Sie richten den Oberkörper wieder auf und in der abgewandelten Reiter-

stellung wird nun das rechte Knie/ Schienbein mit beiden Händen umfasst. Der Kopf geht dann vorsichtig nach hinten und die Arme werden gestreckt. Einatmen.

- 5. Danach wird das Knie vorsichtig zur Brust gezogen und der Rücken einmal gebeugt (der Kopf neigt sich dabei nach vorn). Ausatmen.
- 6. Das rechte Bein wieder abstellen. Erneut nach vorne beugen wie in 3. Also, die Arme locker hängen lassen, den Oberkörper auf den Oberschenkeln ablegen und den Rücken entspannen. Die Hände berühren den Boden. Weiter ausatmen.
- 7. Nun folgt aus dieser Haltung heraus eine Variante der Kobrastellung, indem Sie den Kopf langsam heben und den Nacken und den Oberkörper strecken. Arme und Hände hängen weiterhin locker herab, die Schultern bleiben entspannt. Einatmen.
- 8. Es folgt seitenverkehrt die Reiterstellung mit dem linken Bein. Also Oberkörper aufrichten und linkes Knie/ Schienbein mit beiden Händen umfassen. Dann Arme strecken und Kopf nach hinten bewegen. Weiter einatmen.
- 9. Knie zur Brust ziehen. Vorbeugen. Teilweise ausatmen.
- 10. Oberkörper wieder auf den Oberschenkeln ablegen und Arme locker hängen lassen. Weiter ausatmen.
- 11. Oberkörper wieder aufrichten. Arme über den Kopf strecken. Einatmen.
- 12. Arme vor der Brust zusammenlegen in der Ausgangsstellung. Normal atmen.

Ein Übungszyklus ist abgeschlossen.

Gehmeditation

Wenn wir gehen, sind wir meist mit unserer Aufmerksamkeit ganz woanders – beim Ziel – dem Büro –, bei unerledigten Dingen – dem Arbeitsstapel, der auf dem Schreibtisch wartet. Bei der Gehmeditation lenkt man seine Aufmerksamkeit ganz auf die körperlichen Empfindungen beim Gehen, auf das Spüren des Bodens, der einen trägt. Die Gehmeditation bringt Sie in die Gegenwart zurück, Ihr Kopf wird frei, Stress und Hektik fallen von Ihnen ab.

»Smile, breathe and go slowly.«
(Thich Nhat Hanh)

Gehen tun wir meistens so nebenbei. Oft unterhält man sich beim Gehen oder man denkt dabei über irgendetwas nach. Vielleicht machen Sie sich Sorgen oder schmieden Pläne für die Zukunft, während Sie gehen. Das Gehen selbst passiert unbewusst und automatisch. Oft nimmt man auch die Umgebung kaum wahr, vor allem auf Strecken, die man regelmäßig läuft. Typisch fürs Gehen ist auch, dass man ein Ziel hat und irgendwo hinwill, zum nächsten Supermarkt, zum Frisör, zum Briefkasten. Dass man einfach nur aus reiner Freude am Gehen umherläuft, wird eher die Ausnahme sein. Nur beim Spazierengehen oder Wandern ist die Aufmerksamkeit zum Teil auf das Gehen selbst gerichtet, wenn man zum Beispiel einen steilen Weg erklimmt, spürt man, wie der Körper sich anstrengt und wie man einen Schritt nach dem anderen tut. Bei der Gehmeditation lenkt man seine ganze Aufmerksamkeit auf diesen normalerweise automatisch ablaufenden Prozess des Gehens. Es gibt es kein Ziel. Man will nirgendwo ankommen, sondern einfach nur gehen. Das ist zunächst etwas gewöhnungsbedürftig. Die Gehmeditation wird gerne in Abwechslung mit der Sitzmeditation gemacht, um sich nach längerem Sitzen »die Beine zu vertreten«.

Setup

Überlegen Sie zunächst, wie lange Sie gehen wollen und wo Sie üben wollen. Am besten üben Sie zunächst ganz langsam zu Hause. Zu Beginn reichen 10–15 Minuten. Die Anfänge führen Sie in Zeitlupe durch. Später, wenn Sie die Übung besser kennen, können Sie sich einen schönen Platz in der Natur dazu aussuchen, z. B. in einem Park. In Ihrer Wohnung suchen Sie sich am besten einen Flur oder einen Bereich, der etwas Platz bietet und wo wenig Möbel im Weg stehen. In der Öffentlichkeit können Sie natürlich auch schneller gehen, wenn Sie dabei die Achtsamkeit beibehalten. Mit der Zeit werden Sie lernen, die Geschwindigkeit zu variieren.

▲ **Gehen in Zeitlupe: Fuß anheben, Fuß bewusst bewegen, Fuß absetzen, Gewicht verlagern, innehalten, anderen Fuß anheben usw.**

Am Anfang wird die Übung aber unbedingt absichtlich langsam durchgeführt! Die Übungsanleitung finden Sie auch auf der CD .

So läuft die Übung ab

Die Gehmeditation beginnt zunächst im Stehen. Bewegen Sie sich vor und zurück, dann nach links und rechts, pendeln Sie ein wenig um Ihre Mitte. Wenn Sie ausbalanciert sind, machen Sie einen kleinen Bodyscan. Entspannen Sie die Arme. Entweder werden die Hände vor dem Bauch gefaltet oder seitlich hängen gelassen. Wandern Sie mit der Aufmerksamkeit durch den ganzen Körper vom Kopf bis zu den Füßen. Nehmen Sie ein paar bewusste Atemzüge. Verlagern Sie dann das Gewicht auf den linken Fuß. Heben Sie dann ganz vorsichtig in Zeitlupe den rechten Fuß. Dazu müssen Sie die Hacke anheben. Machen Sie dann eine kleine Pause. Nun geht der Fuß in die Luft und wird dann wieder abgesetzt. Dann wird das Gewicht langsam vom linken Fuß auf den rechten verlagert. Schließlich ist der rechte Fuß vollständig abgesetzt und trägt nun Ihr ganzes Gewicht. Der linke Fuß ist frei. Sie heben die Hacke an usw. Führen Sie dieses Gehen in Zeitlupe fort.

Der Gehprozess besteht aus drei Phasen. Anheben des Fußes, den Schritt machen, den Fuß absetzen und das Gewicht verlagern. Sie können entweder versuchen, wie beschrieben aus dem Gehen heraus die einzelnen Gehphasen langsam auszuführen, oder Sie gehen zunächst normal und verlangsamen es dann immer stärker. Wenn Sie langsam gehen, sagen Sie beispielsweise »links, rechts« usw. oder »Schritt, Schritt« usw. Dann verlangsamen Sie noch einmal und zerlegen den Gehprozess in zwei Teile, erst Fuß anheben, dann Fuß absetzen, Sie können sich das in Gedanken wieder sagen »anheben, absetzen« usw. Schließlich werden Sie noch langsamer und nehmen drei Phasen wahr: Fuß anheben, Fuß vorwärts bewegen und schließlich absetzen usw.

Worauf Sie achten sollten

Bei der Gehmeditation geht es darum, die Empfindungen beim Gehen bewusst wahrzunehmen. Anders als beim Gehen mit einem bestimmten Ziel, ist das Gehen selbst bei dieser Übung die Hauptsache. Wie fühlt sich das Gehen an? Spüren Sie in Ihren Körper hinein. Beginnen Sie damit bereits beim Stehen: Welche Empfindungen haben Sie in den Beinen, in den Füßen im gesamten Körper? Versuchen Sie einmal, die Gehmeditation so durchzuführen, als ob Ihr Bewusstsein sich in Ihrem Kopf befinden würde und dann so als ob sich das Bewusstsein innerhalb der physischen Bewegung befindet. Bemerken Sie den Unterschied. Unterstützen Sie die Wahrnehmung der einzelnen Gehphasen, indem Sie diese gedanklich benennen. Sie sagen sich also innerlich: »links, rechts, anheben, absetzen« usw. Achten Sie auch auf die Gewichtsverlagerung und das Körpergefühl als Ganzes beim Gehen. Experimentieren Sie mit leichten Veränderungen der Geschwindigkeit.

Was könnte schwierig sein?

Wir sind es nicht gewohnt, so langsam zu gehen. Mancher Übende bekommt Gleichgewichtsprobleme. Mit der Zeit lässt diese Unsicherheit nach. Es hilft, einen Punkt vor sich zu fixieren, entweder in der Ferne oder am Boden. Wie auch bei der Sitzmeditation können die Gedanken abschweifen und Sie können abgelenkt sein. Keine Selbstkritik! Das gehört dazu. Kehren Sie einfach immer wieder mit der Aufmerksamkeit zum Gehen zurück (oder zur Atmung).

Volker

» Die Gehmeditation bringt einen in die Gegenwart zurück und erdet

Volker praktiziert schon eine Weile diese Gehmeditation. Er hat gelernt, einfach so, ohne ein besonderes Ziel zu gehen. Wenn er jedoch zur Arbeit geht oder sonst irgendwie unterwegs ist, hat er natürlich Ziele. Er muss irgendwo hin und hat meistens etwas vor. Das ist ein Lernprozess für Volker, denn sein Geist beschäftigt sich natürlich damit, wann er ankommen wird, was er dann tun will und ob er pünktlich sein wird. Und schon ist Volker nicht mehr im gegenwärtigen Augenblick und abgelenkt. Er muss also lernen, auch im Alltag nicht an das Ziel zu denken, sondern mit der Aufmerksamkeit bei der Bewegung und beim Gehen oder Laufen zu bleiben. Mit der Zeit gelingt es ihm aber, die Übung in den Alltag zu integrieren und immer öfter z.B. die Berührungen der Füße auf der Erde und die Atmung wahrzunehmen.

Die Übung variieren

Variation 1. Suchen Sie sich einen schönen Ort in der Natur zum Gehen (Garten, Park, Landschaft). Wenn Sie die Gehmeditation durchführen, dann denken Sie daran, dass Sie nur im gegenwärtigen Augenblick sein wollen und sonst nichts. Lassen Sie also Ihre Sorgen für die Dauer der Meditation einfach fallen. Gehen Sie dann eine Weile, so wie Sie es gelernt haben, also anheben, Gewicht verlagern, einen Schritt machen und den Fuß absetzen. Die Zusatzaufgabe besteht jetzt darin, sich vorzustellen, dass Sie den Boden liebevoll mit Ihrem Fuß berühren. Wenn Sie auf diese Art gehen, berühren Sie den Boden nicht nur mit Achtsamkeit, sondern auch mit Liebe und Mitgefühl. Die Übung kann noch weitergeführt werden: Stellen Sie sich vor, dass unter jedem Ihrer Schritte eine Blume anfängt zu blühen.

Variation 2. Sie können auch das Gehen bewusst mit der Aufmerksamkeit auf den Atem koppeln. Sie achten dann darauf, wie viele Schritte Sie machen bei der Einatmung und wie viel bei der Ausatmung. Machen Sie wieder die gewohnte Gedankennotiz: Beim Einatmen sagen Sie sich »ein, ein, ein« und beim ausatmen »aus, aus, aus« usw. Vielleicht machen Sie drei Schritte bei der Einatmung und z.B. vier bei der Ausatmung. So werden Sie sich mehr und mehr der Atmung beim Gehen bewusst. Wichtig ist auch hier, dass Sie nicht versuchen, den Atem zu kontrollieren. Lassen Sie ihn einfach fließen.

Körperempfindungen wahrnehmen

In dieser Übung richten Sie Ihre Aufmerksamkeit gezielt auf einzelnen Körperempfindungen, die im Laufe der Meditation auftauchen; das können angenehme, aber auch unangenehme Empfindungen wie Jucken, Ziehen, Kribbeln sein. Der Sinn dahinter ist, sich beispielsweise von unvermeidbaren Schmerzen distanzieren zu können (das macht sie erträglicher) und körperliche Genüsse (Badewanne, Massage, Sauna, Sex ...) intensiver und differenzierter wahrzunehmen.

»Begin to see yourself
as a soul with a body,
rather than a body with a soul.«
(Wayne Dyer)

Während es im Bodyscan darum ging, mit der Aufmerksamkeit systematisch durch den Körper zu wandern, kann man auch generell darauf achten, welche Körperempfindungen während einer Meditation auftauchen und diese als Meditationsobjekt betrachten. Es handelt sich also um eine Erweiterung der Fähigkeiten, die Sie sich im Bodyscan angeeignet haben. Es ist aber mehr als eine Variation dieser Technik, sondern eine eigenständige Übung.

Setup

Sie setzen sich mit geradem Rücken hin (Meditationskissen, Sitzbänkchen oder Stuhl). Die Hände liegen auf den Oberschenkeln oder im Schoß. Sitzen Sie aufrecht und entspannt. Die Augen sind entweder offen oder geschlossen. Stellen Sie Ihre Uhr auf mindestens 15, höchstens jedoch 60 Minuten ein.

So läuft die Übung ab

Steigen Sie in die Übung ein, indem Sie auf den Atem achten. Beobachten Sie das Heben und Senken des Brustkorbs. Machen Sie sich eine Gedankennotiz: »ein«, »aus«. Bleiben Sie mit der Aufmerksamkeit bei der Erfahrung des Atmens.

Während des weiteren Sitzens werden dann nach und nach Körperempfindungen auftauchen, die Sie von der Atmung ablenken. Das kann ein Jucken sein, ein Kribbeln, ein Zittern oder ein Schmerz. Um diese Empfindungen geht es uns in dieser Übung. In den vorherigen Übungen hätten wir die Ablenkung bemerkt und wären zur Atmung zurückgekehrt. Jetzt machen wir aber genau diese Empfindung zum Meditationsobjekt. Das heißt, wir richten die Aufmerksamkeit mit Neugier genau auf das Jucken, das Kribbeln, das Zittern oder den Schmerz.

Gedankennotiz. Machen Sie eine kleine Gedankennotiz von dem, was Sie gerade in diesem Moment empfinden, also z.B. »Jucken«, »Jucken« ... Nehmen Sie einfach das erste Wort, was Ihnen spontan einfällt. Sie können dieses Wort benutzen, um Ihre Aufmerksamkeit zu verstärken. Sie bringen dadurch den Geist mehr in Kontakt mit der aktuellen Erfahrung.

Offen bleiben. Die Qualität Ihrer Aufmerksamkeit sollte jetzt dieselbe sein wie bei der Atem- und Körpermeditation: entspannt, offen, frei, weit, ohne zu versuchen, die Erfahrung zu kontrollieren und ohne sie verändern zu wollen. Erlauben Sie den Empfindungen aufzutauchen und wieder zu verschwinden. Sie kommen und gehen.

Es kann sein, dass die Empfindung sehr angenehm ist (Wärme, Entspannung, Leichtigkeit, Weichheit, Gelöstheit usw.) und Sie sie festhalten wollen: Sie soll sich nicht verändern. Oder sie ist unangenehm und sie wollen sie loswerden. Vielleicht sind Sie auch ärgerlich darüber oder genervt. Versuchen Sie loszulassen, wieder zu entspannen und sich für die Empfindung zu öffnen. Wie fühlt es sich genau an? Kehren Sie zu der direkten Erfahrung dieses Momentes zurück.

Gedankenschleifen. Wenn Sie sich dabei ertappen, sich in Spekulationen zu verlieren, versuchen Sie, solchen Gedankenschleifen zu widerstehen. Früher oder später werden Sie sich Fragen stellen, wie die Empfindung z.B. in 10 Minuten sein wird. Ob sie dann weg ist, oder wie lange sie noch anhalten wird. Versuchen Sie nicht sich vorzustellen, wie die Empfindung Ihrer Meinung nach besser oder anders sein sollte.

Die Empfindung erforschen. Fühlen Sie sie direkt, ohne Bewertung, ohne Interpretation, einfach nur so, wie sie ist. Was spüren Sie im Moment genau? Ist es warm oder kalt, schwer oder leicht, hart oder weich? Bemerken Sie auch die subtilen Veränderungen der Empfindung. Verändert sie sich, nimmt sie zu, wird sie schwächer, verschwindet sie? Bleibt sie gleich? Erforschen Sie die Variationen der Empfindung.

Die Atmung als Anker. Vielleicht ist es doch gut, ab und zu zur Atmung zurückzukehren, wenn Sie merken, dass Sie zu abgelenkt sind. Oder die Empfindung ist sehr stark (z.B. bei Schmerzen). Ihre Atmung kann dann eine Art Anker sein, zu dem Sie sich wenden, bevor Sie wieder die Körperempfindung aufsuchen.

Schmerzen. Schmerzen sind noch einmal etwas Besonderes. Wenn Sie darüber nachdenken, ob die Schmerzen wohl schlimmer werden oder anhalten, rutschen Sie schnell ins Gedankenkarussell ab. Es gibt sozusagen ein paar »Tricks«. Beobachten Sie innerhalb der schmerzenden Region einen kleinen Bereich. Versuchen Sie nicht alle Empfindung aus einer schmerzenden Region wahrzunehmen, sondern beobachten Sie den Punkt, der am intensivsten ist und beobachten Sie, ob er sich verändert und wenn ja, wie er sich verändert. Benennen Sie die Erfahrung mit einer Gedankennotiz, z. B. »Schmerz, Schmerz« oder »Aua«, »aua« … Dadurch sind Sie mehr bei der direkten Erfahrung und nicht in einer Interpretation oder Geschichte über den Schmerz. Wenn eine bestimmte Region schmerzt, scannen Sie einmal den Rest des Körpers (wie in der Bodyscan-Übung auf S. 56). Sind Sie irgendwo anders verspannt und ist der Schmerz fortgeleitet? Können Sie loslassen?

Bleiben Sie aber auch nicht die ganze Zeit beim Schmerz. Wechseln Sie mit der Aufmerksamkeit auch wieder einmal zum Atmen oder zur Umgebung, z. B. zu dem, was Sie hören. Werden Sie sich bewusst, wie sich die Empfindungen verändern, wenn Sie sie in die Zukunft projizieren und sich vorstellen, dass sie so bleiben werden, oder wenn Sie gedanklich in die Vergangenheit wandern: »Letztes Mal war es angenehmer.«

Entspannt bleiben. Bleiben Sie so entspannt wie möglich. Sie müssen nicht kämpfen. Sie müssen nichts verändern. Es ist eine Forschungsreise. Sie beobachten die ständigen subtilen Veränderungen in Ihrem Körper. Und für eine kurze Zeit reagieren Sie einmal nicht so automatisch, wie Sie es gewohnt sind. Achtsamkeit ist von Natur aus frei, offen und entspannt, egal worauf Sie gerade fokussieren. Sie können ein angenehmes Gefühl nicht festhalten und Sie können nicht verhindern, dass auch unangenehme Empfindungen auftauchen, aber Sie können einfach nur achtsam sein.

Worauf Sie achten sollten

Üben Sie, auf einen Punkt oder eine Region im Körper zu fokussieren. Benennen Sie die Empfindungen und Ihre Reaktion darauf. Lernen Sie zu unterscheiden, wie Ihr geistiger Zustand bzw. Ihre Tagesform dazu beiträgt, ob sich eine Körperempfindung angenehm oder unangenehm an-

Mit der Wahrnehmung spielen.
Aus Lichtspiegelungen auf dem Meer wird ein Muster.
Vom Detail auf Weitwinkel zoomen – die Aufmerksamkeit
erst fokussieren und dann immer breiter werden lassen.

fühlt. Nehmen Schmerzen z. B. zu, wenn Sie an die Zukunft denken? Wie weit entfernen Sie sich von Empfindungen, wenn Sie daran denken, wie es früher einmal war? Es geht darum zu erfahren, was man kontrollieren kann und was nicht, und darum zu lernen, das loszulassen, was man nicht beeinflussen kann. Üben Sie sich in Dankbarkeit: Anstatt meistens nur das wahrzunehmen, was Sie nicht haben, können Sie sich auch dem öffnen, was Sie dauernd von der Welt empfangen. Schmerz oder Gereiztheit kann Zeichen eines inneren Widerstands sein. In der Achtsamkeit kann man auf eine Ebene gelangen, in der man Distanz zu diesem Zustand hat. Das heißt, dass einem der Schmerz nicht mehr so viel ausmacht. Er ist vielleicht noch vorhanden, hat aber etwas an Intensität abgenommen.

Ich möchte in diesem Zusammenhang noch einmal erläutern, was ich mit Abstand oder Distanz meine. Solange man es noch nicht in der Meditationspraxis erlebt hat, ist es vielleicht schwer vorstellbar. Erinnern Sie sich an Situationen, die Sie z. B. sehr verärgert haben. In dem unmittelbaren Moment des Erlebens waren die damit verbundenen Empfindungen sicherlich sehr stark. Wenn Sie mehrere Nächte darüber geschlafen haben (also Abstand aufgebaut haben), macht Ihnen das Erlebnis vielleicht nicht mehr so viel aus. Wenn Sie Jahre später danach gefragt werden, haben Sie das Erlebte möglicherweise sogar fast vergessen und müssen sich anstrengen, um sich zu erinnern. Es hat sich also eine Distanz zu der ursprünglichen Empfindung aufgebaut.

Was könnte schwierig sein?

Wenn die Empfindungen zu stark werden und Sie merken, dass Sie zu sehr dagegen ankämpfen und eher noch mehr verspannen, kann es doch sinnvoll sein, die Position zu wechseln und lieber noch einmal anzufangen. Alternativ wechseln Sie wieder zur Atmung und dann wieder zu der jeweiligen Empfindung. Es geht nicht darum, Schmerzen z. B. zu »beschönigen«, sondern sie zumindest für eine gewisse Zeit nicht zu bewerten.

Lene

» Das Jucken erforschen und beobachten

Lene verspürte während ihrer Morgenmeditation ein ständiges Jucken am Rücken. Noch dazu an einer Stelle, an die sie schlecht herankam. Sie entschloss sich im Sinne der Achtsamkeit, das Jucken zu erforschen. Sie fokussierte die Aufmerksamkeit genau auf die Stelle, wo es juckte, dann zoomte Sie die Wahrnehmung auf den Körper als Ganzes. Abwechselnd kehrte wieder sie zur Atmung zurück und benannte das Empfinden: »jucken, jucken« … usw. Sie bemerkte ihre Gedanken dazu: »Au Mann, das nervt, ich will mich jetzt kratzen, wie lange dauert das denn noch. Das muss doch mal aufhören.« Sie spürte, wie sich Ärger aufbaute, weil das Jucken nicht weniger wurde. Dennoch blieb sie geduldig und kratzte sich nicht. Tatsächlich veränderte sich die Empfindung des Juckens nach einer Weile, der Juckreiz ließ nach, ohne dass sie sich kratzen musste. Sie blieb mit der Aufmerksamkeit bei der Stelle und empfand eine leichte Wärme.

Die Übung variieren

Zoomen. Entspannen Sie Ihren Körper. Verschieben Sie den Fokus der Aufmerksamkeit von einer Körperregion, die z. B. schmerzt, auf den Körper in seiner Gesamtheit und dann noch weiter auf den umgebenden Raum, auf alle Geräusche, Gerüche und Sinneswahrnehmungen, die von der Umgebung ausgehen. Wechseln Sie dann wieder zu der fokussierten Aufmerksamkeit. Machen Sie Ihre Erfahrungen damit, was passiert, wenn Sie die Aufmerksamkeit so verschieben.

Körperempfindungen im Alltag

Versuchen Sie dann auch in Alltagssituationen einzelne Körperempfindungen wahrzunehmen. Wenn Sie duschen oder ein Bad nehmen, versuchen Sie z.B. bewusst das Wasser auf der Haut zu spüren oder die verschiedenen Temperaturen des Wassers, wenn Sie es in die Wanne einlassen und das Wasser mischen. Versuchen Sie, ganz bei der Sache zu bleiben und sich nicht in Gedanken zu verlieren. Beim Rasieren spüren Sie z.B., wie sich der Rasierer auf der Haut hin und her bewegt. Beim Zähneputzen spüren Sie genau, wie sich die Zahnbürste über die Zähne und das Zahnfleisch bewegt. Beim Autofahren spüren Sie die Anspannung in der Muskulatur der Arme, wenn Sie das Lenkrad bewegen und spüren Sie den Autositz am Rücken. Oder achten Sie bewusst darauf, wie Sie von einem Gang in den anderen schalten oder wie Sie die Fußpedale treten. All diese Handlungen führen Sie sonst überwiegend automatisch aus. Jetzt bemühen Sie sich stattdessen, weitestgehend alles bewusst in der Gegenwart zu tun. Sie können so in allen möglichen Alltagssituationen immer wieder zu Ihrem Körper zurückkehren und ihn in all seinen Facetten immer wieder neu erkunden und entdecken. Sinn und Zweck der Übung ist es unter anderem auch, wieder mehr auf den Körper und die Signale, die er sendet, zu hören.

Meditation über die Sinne

Wenn Sie Ihr Essen häufig achtlos herunterschlingen und dabei viel zu viel verzehren, ist dies genau die richtige Meditation für Sie. Sie erkunden und verfeinern Ihre Sinne: nicht nur den Geschmacks- und Geruchssinn, sondern auch das Hören, Sehen und Tasten. Wenn beim Essen alle Sinne wach sind und angesprochen werden, merken Sie nicht nur schneller, wann Sie satt sind, sondern die Mahlzeit befriedigt Sie auch viel mehr.

»Das größte Geschenk eines Gartens ist die Wiedererweckung der fünf Sinne.«
(frei übersetzt nach Hanna Rion)

Wenden wir uns nun den anderen Bereichen unserer Sinneswahrnehmung zu, dem Sehen, Hören, Schmecken und Riechen sowie dem Tastsinn.

Setup

Sie setzen sich mit geradem Rücken hin (Meditationskissen, Sitzbänkchen oder Stuhl). Die Hände liegen auf den Oberschenkeln oder im Schoß. Sitzen Sie aufrecht und entspannt. Die Augen sind entweder offen oder geschlossen. Auch für diese Meditation können Sie 15–60 Minuten einplanen.

So läuft die Übung ab

Hören. Die Übung beginnt damit, dass Sie einfach nur hören. Sie hören vielleicht im Umfeld Geräusche (z. B. ein Auto, das vorbeifährt) oder innere Geräusche (z. B. die Atmung oder Gluckern im Bauch). Oder Sie hören einfach nur Stille. Sie müssen Geräusche weder kommen noch gehen lassen. Sie müssen sie nicht weiter identifizieren oder manipulieren. Sie können Laute und Geräusche einfach so hören, ohne sich anstrengen zu müssen. Ein Klang oder ein Geräusch erscheint einfach und Sie verbinden sich damit ohne Anstrengung einfach so.

Das bewusste Hören können Sie sowieso immer auch als Einstieg zu einer Meditationsübung nehmen, alternativ oder abwechselnd zur bewussten Atmung. Zunächst Töne oder Geräusche des eigenen Körpers (da ist sie wieder die Atmung), dann Töne im umgebenden Raum, dann Geräusche im Gebäude, zuletzt Töne weit außen, z. B. Vögelzwitschern oder Straßenlärm. Versuchen Sie nur den Ton selbst wahrzunehmen, also seine Qualität, die Tonhöhe, die Lautstärke. Unterscheiden Sie zwischen einem Gedanken über ein Geräusch und dem Geräusch selbst. Anstatt zu denken, »oh, da schlägt gerade eine

Tür«, bemühen Sie sich einfach nur den Ton, der dabei entsteht, wahrzunehmen.

Sehen. Üben Sie sich dann im bewussten Sehen: Lassen Sie Ihren Blick im Raum herumschweifen. Wandern Sie mit der Aufmerksamkeit von Gegenständen, die in der Ferne sind, zu solchen, die in der Nähe stehen. Zoomen Sie z.B. auf Ihre Nasenspitze und wieder in den Raum. Welche Farben nehmen Sie wahr? Können Sie Objekte einfach nur sehen oder fallen Ihnen sogleich irgendwelche Begriffe ein und fangen Gedankenassoziationen an? Sind Sie noch beim reinen Beobachten und Sehen oder abgelenkt? Nehmen Sie dann einen Gegenstand und fokussieren Sie ihn ganz scharf. Machen Sie dann den Blick weich und defokussiert. Lassen Sie den Blick unscharf sein und durch den Raum wandern. Wenn Sie dann den Atem wieder hinzunehmen, was passiert dann mit dem Sehen? Werden die Bilder unscharf? Spielen Sie mit Ihrem Sehsinn und probieren es einfach aus.

Kombinieren Sie dann das Sehen mit dem Hören. Wenn Sie ein Objekt genau betrachten, blenden Sie dann Töne aus und umgekehrt? Experimentieren Sie damit gleichzeitig zu sehen und zu »lauschen«.

Tasten. Schließlich können Sie noch irgendeinen Gegenstand aufgreifen, der in Ihrer Nähe liegt. Tasten und spüren Sie ihn genau. Wie fühlt sich die Oberfläche an? Hart, weich, rau, glatt? Ist der Gegenstand schwer oder leicht? Hat er noch andere Eigenschaften, die Sie ertasten können? Gibt er nach oder ist er ganz fest? Dann versuchen Sie wieder zu bemerken, wie sich Ihre Wahrnehmung verändert, wenn Sie tasten und berühren. Können Sie auch gleichzeitig entspannt den Raum betrachten oder blenden Sie einen Sinneskanal aus zugunsten eines anderen? Wenn das so ist, dann nehmen Sie es einfach nur zur Kenntnis ohne Bewertung.

Worauf Sie achten sollten

Die Übung der Sinneswahrnehmung und insbesondere die folgende Übung beim Essen schult vor allem die Wahrnehmung des gegenwärtigen Augenblicks. Besonders beim Essen schalten wir sonst gerne auf Autopilot und schlingen alles in Rekordzeit hinunter. Dabei lesen wir vielleicht auch noch die Zeitung oder schauen fern. Wir sind also maximal »abgelenkt« und nicht bei der Sache. Hauptsache wir »haben etwas im Magen«. Menschen, die langsam und bewusst essen, sind meistens auch sehr schlank und merken, wenn Sie satt sind. Sie sind beim Essen mehr »bei der Sache«. Die Haltung der Achtsamkeit gilt natürlich für alle Lebensbereiche. Sie werden staunen, was Sie alles über sich selbst erfahren, wenn Sie nicht mehr ständig im Autopilotmodus durch die Weltgeschichte taumeln.

Was könnte schwierig sein?

Wie auch schon in den Übungen davor, trainieren Sie sich darin, Ihre Aufmerksamkeit zu fokussieren. Seien Sie nachsichtig mit sich selbst, wenn Sie sich mal wieder in Gedanken verlieren, unruhig werden oder gelangweilt sind. Sie haben ein gewisses Maß an Entscheidungsfreiheit, worauf Sie achten und worauf nicht. Sie können also absichtlich Ihre Aufmerksamkeit z. B. von Ihren Gedanken auf Ihre Sinneswahrnehmung lenken. Welche Geräusche hören Sie gerade?

Lisa

» Die Sinne neu entdecken

Lisa wendete die Übung auf ihren Alltag an. Sie hört und lauscht bewusster auf ihre Umwelt. Wenn sie Musik hört, lässt sie sie nicht einfach im Hintergrund dudeln, sondern wählt sie bewusst aus und hört genau hin. Sie achtet auch wieder mehr auf die Gerüche in Ihrem Umfeld. Ihr Essen schlingt sie nicht mehr einfach herunter, sondern sie kaut bewusst und versucht mit so viel Aufmerksamkeit wie möglich zu essen. Beim Duschen und beim Baden achtete sie verstärkt auf die Empfindungen auf der Haut. Beim Blick aus dem Fenster versucht sie genauer hinzugucken und den Himmel, die Wolken, die Pflanzen bewusster zu sehen.

Achtsames Essen

Eine beliebte Übung, um die Sinneswahrnehmung bewusst zu machen, ist das achtsame Essen. Bekannt geworden ist die Übung mit einigen Rosinen (Rosinenübung). Alternativ schlagen wir vor, die Übung z. B. mit Keksen zu machen.

Machen Sie die Übung in Zeitlupe. Sie gehen nach und nach bei der Übung durch alle Sinneskanäle. Nehmen Sie den Keks auf und betrachten ihn zunächst (Sehen). Achten Sie auf die Oberflächenbeschaffenheit und Farbunterschiede. Lassen Sie sich Zeit zwischen den einzelnen Übungsabschnitten und bevor Sie zu einem anderen Sinnessystem wechseln. Dann folgt der Tastsinn ganz ausführlich, wie oben geschildert. Es folgt das Hören. Ein Keks macht Geräusche beim Abbeißen, Brechen und Kauen. Hören Sie genau hin. Und wenn nur Stille entsteht, nehmen Sie die Stille wahr. Es folgt dann das Riechen. Schnuppern Sie an dem Keks und nehmen Sie wahr, ob er einen bestimmten Geruch hat. Schließlich folgt der Geschmackssinn. Essen Sie den Keks achtsam und in »Zeitlupe«. Nicht gleich herunterschlucken! Langsam kauen und die Keksstücke im Mund hin- und herbewegen. Schmecken Sie nicht nur während des Essens, sondern auch den Nachgeschmack, die Süße des Kekses usw. Wenn Sie einige Kekse bewusst langsam gegessen haben, dann nehmen Sie ruhig einen Keks und schlingen ihn gierig herunter, um den Unterschied zu bemerken zwischen dem alltäglichen, gehetzten Essen und dem gemütlichen, achtsamen Essen.

Meditation über Gefühle

Sie können Ihren Ärger und Ihre Wut, z. B. nach einem Streit mit Ihren Kindern, Ihrem Partner oder am Arbeitsplatz, in sich hineinfressen (gemeinsam mit einer Tüte Süßigkeiten) oder auch den ganzen Tag »kultivieren«, dann bekommt jeder, der Ihnen über den Weg läuft, »eins auf den Deckel«. Oder Sie gehen achtsam mit Ihren Gefühlen um, Sie nehmen diese wahr, benennen sie, beobachten sie, bewerten sie nicht – und lassen sie wieder ziehen. Derart gewürdigt, wird der Ärger verrauchen, und zwar ohne dass Sie oder andere dabei Schaden nehmen.

»Du kannst Schönheit nur mit einem heiteren Geist erfassen.«

(Henry David Thoreau)

Mit dem Begriff »Gefühl« ist hier eine Emotion gemeint. Eine Emotion ist etwas anderes als eine einzelne Empfindung, wie z. B. Wärme oder Kälte. Im Deutschen werden die Begriffe Empfindung und Gefühl oft ähnlich gebraucht. Im Kontext dieser Übung sind komplexe Gefühle gemeint, wie Ärger, Trauer, Wut, Freude oder Langeweile. Das sind die eigentlichen Emotionen. Sie sind zusammengesetzt aus verschiedenen Empfindungen. In der Achtsamkeit bemüht man sich, den eigenen Gefühlen mit Akzeptanz und Gleichmut zu begegnen, und zwar sowohl den spektakulären wie Freude oder Leid, aber auch den eher neutralen, die meist viel häufiger sind. Dadurch klären sich auch negative Gefühle. Zusätzlich schult man sich darin, zunehmend positive Gefühle wie Mitgefühl, Freundlichkeit und Wohlwollen auszustrahlen.

Setup

Sie setzen sich mit geradem Rücken hin (Meditationskissen, Sitzbänkchen oder Stuhl). Die Hände liegen auf den Oberschenkeln oder im Schoß. Sitzen Sie aufrecht und entspannt. Die Augen sind entweder offen oder geschlossen. Dauer: 15–60 Minuten. Die Übungsanleitung finden Sie auch auf der CD.

Traditionell würde man Gefühle eher im Bauchraum oder im Brustbereich lokalisieren und nicht so sehr im Kopf. Finden Sie für sich heraus, ob Sie das bestätigen können.

So läuft die Übung ab

Nachdem Sie eine bequeme Position eingenommen haben, tauchen Sie, wie gewohnt, zunächst in die Wahrnehmung Ihres Körpers ein. Beobachten Sie Ihre Atmung. Achten Sie auf die Stille oder Laute im Raum. Beachten Sie jeden einzelnen Atemzug. Geben Sie ihm eine Gedankennotiz: »ein«, »aus« usw.

Jetzt nehmen Sie wahr, in welcher Stimmung Sie sich befinden. Sind Sie ruhig und entspannt oder gelangweilt? Sind Sie zufrieden, fröhlich oder traurig? Oder befinden Sie sich in einem neutralen Zustand? Genauso, wie Sie es bisher für den Atem und Körperempfindungen praktiziert haben, versuchen Sie jetzt einmal, sich für Ihre Gefühlswelt zu öffnen und sie in den Vordergrund treten zu lassen.

Welche ist die Emotion, die im Moment am stärksten im Vordergrund steht. Wenn Sie gedanklich mit Erinnerungen beschäftigt sind, ist ein Gefühl damit verknüpft? Wenn Sie sich in Plänen verlieren, ist damit ein Gefühl verbunden?

Häufig tritt während einer Meditation Langeweile ein. Man möchte gerne die Meditation abbrechen oder fragt sich, wie lange sie noch dauert. Ein anderes Gefühl ist eine hohe Erwartungshaltung: Die Meditation soll besonders schön werden. Es können Emotionen entstehen, die mit körperlichen Schmerzen verbunden sind, z. B. Ängste oder Gereiztheit. Aber natürlich sind auch positive Emotionen, Zufriedenheit und Glück oder selbst »Überdrehtheit« möglich.

Zunächst werden Sie die offensichtlichen »Hauptstimmungen« wahrnehmen.
Im Verlauf die subtileren Schichten der Gefühle, die hinter anderen Gefühlen liegen.

Versuchen Sie das jeweilige Gefühl zu identifizieren. Sie können sich eine Gedankennotiz machen, wie z. B. »Langeweile«, »Langeweile« usw. oder »Ärger«, »Ärger« usw. Üben Sie sich dann in der beschriebenen Grundhaltung der Nichtidentifizierung und Akzeptanz. Nehmen Sie das Gefühl einfach zur Kenntnis und seien Sie achtsam, welche Emotion als Nächstes auftaucht. Vielleicht fühlen Sie jetzt Zufriedenheit.

Interessiert betrachten, genau hinschauen – welche Nuancen bemerken Sie? Auch Gedanken, Gefühle und Empfindungen lassen sich beobachten. Ein neugieriger Forscher sein. Beobachter sein.

Versuchen Sie, mit der Emotion zu bleiben und Sie auszuhalten und nicht zu verändern. Wenn Sie mit einer Emotion nicht einverstanden sind und sie verändern oder loswerden wollen, dann versuchen Sie Ihre Grenzen und Schwellen hinauszuschieben und etwas länger mit dem Gefühl zu verbleiben. Bleiben Sie neugierig und interessiert daran, wie die Emotion sich entwickelt, ob sie gleich bleibt, stärker wird oder abnimmt.

Worauf Sie achten sollten

Es geht darum, die eigene Emotionslandschaft zu erforschen, das ganze Spektrum der eigenen Gefühle kennenzulernen. Versuchen Sie nicht, einige Gefühle abzulehnen und andere zu bevorzugen. Stattdessen geht es um eine Haltung der Akzeptanz den Gefühlen gegenüber, ohne zu werten. Sie sind z. B. gerade ärgerlich? Gut. Belassen Sie es dabei. Der Ärger wird von selbst vergehen. Zusätzlich lernen Sie, die mit der Emotion verbundenen Körperempfindungen zu identifizieren und genauer wahrzunehmen. Jede Emotion hat auch eine energetische Komponente. Sie bringt einen in Verbindung mit anderen oder lässt einen allein sein. Klassischerweise will man positive Gefühle festhalten und negative Gefühle loswerden. Ist es Ihnen möglich, stattdessen ein Gefühl einfach so zu belassen, wie es ist? Sie können außerdem immer genauer wahrnehmen, was ein Gefühl ausgelöst und getriggert hat. Zum Beispiel ein Gedanke, der dem Gefühl vorausging. Gefühle sind vergänglich. Sie schulen sich darin, die subtilen Übergänge eines Gefühls in ein anderes wahrzunehmen, also ganze Gefühlsketten und ihr Auf und Ab.

Was könnte schwierig sein?

Sie möchten nicht bei dem Gefühl verweilen und aussteigen. Versuchen Sie noch ein kleines Bisschen dabeizubleiben. Sie wollen bei dem Gefühl verweilen und versuchen, es festzuhalten. Beobachten Sie das Gefühl ganz einfach. Es wird sich mit der Zeit von selbst verändern. Lassen Sie es zu. Akzeptieren Sie die Gefühle, identifizieren Sie sich nicht mit ihnen.

Robert

»Über das Gefühl der Traurigkeit in mir lächelnd, atme ich aus.«

Robert probiert seit einiger Zeit eine Gehmeditation aus dem französischen Meditationszentrum Plum-Village aus. Wenn er bemerkt, dass er traurig ist, geht er eine Weile bewusst, wie er es in der Gehmeditation gelernt hat. Innerlich begleitet er seine Schritte mit achtsamem Atmen und Sätzen, die er sich innerlich vorsagt: »Einatmend erfahre ich das Gefühl der Traurigkeit. Über das Gefühl der Traurigkeit in mir lächelnd, atme ich aus.« Nach und nach ebbt die Traurigkeit ab und das Gefühl verändert sich.

Meditation über Gedanken (Mind)

Unser Gehirn ist zum Denken da, und das tut es auch unablässig. Die Frage ist nur, wie es das tut. Können Sie keinen klaren Gedanken fassen? Oder grübeln Sie beständig? Verselbstständigen sich die Sorgen und Befürchtungen und kreisen beharrlich in Ihrem Kopf? – Diese Meditation zügelt und ordnet die Gedanken, Sie können sich gedanklich beruhigen und besser konzentrieren, z. B. vor einer schwierigen Aufgabe oder einer wichtigen Entscheidung.

In der Achtsamkeitsphilosophie wird der Geist (im Englischen »Mind«) als das sechste Sinnestor bezeichnet. Dieses Konzept kennen wir im Westen in dieser Form nicht. Die üblichen fünf Sinne, also sehen, hören, riechen, schmecken und tasten, sind uns natürlich bekannt. Das sechste Sinnestor umfasst unsere Gedanken, Emotionen und Gedankenbilder (unser »Kopfkino«). Dieses Konzept ist erst einmal gewöhnungsbedürftig. Wir würden z. B. Gedanken und Gefühle voneinander trennen. Oft beeinflussen sie sich aber gegenseitig. Wir nehmen die innere und äußere Welt über die genannten sechs Sinnestore wahr. Dazu kommt noch eine Art Grundstimmung oder »Färbung« unserer Erfahrung entweder angenehm, unangenehm oder neutral. Die Meditation über Gedanken geht also über unser bekanntes Konzept der Gedanken noch hinaus. Je öfter Sie die Übung machen, desto mehr werden Sie die feinen Unterschiede in der Wahrnehmung bemerken.

Setup

Sie setzen sich mit geradem Rücken hin (Meditationskissen, Sitzbänkchen oder Stuhl). Die Hände liegen auf den Oberschenkeln oder im Schoß. Sitzen Sie aufrecht und entspannt. Die Augen sind entweder offen oder geschlossen. Planen Sie 15–60 Minuten ein. Die Übungsanleitung finden Sie auch auf der CD.

So läuft die Übung ab

Nachdem Sie Platz genommen haben, kommen Sie zur Ruhe und nehmen ein paar bewusste Atemzüge. Achten Sie dann vermehrt auf Ihre Gedanken. Mit Gedanken sind z. B. innere Bilder gemeint, die einem durch den Kopf gehen (»Gedankenkino«) oder ein innerer Dialog, also etwas, was Sie sich selbst innerlich sagen. Beobachten Sie diese Gedanken oder hören Sie ihnen einfach nur zu, ohne sie zu bewerten oder zu kritisieren, mit Offenheit und Akzeptanz.

Gedanken beobachten. Beobachten Sie im Weiteren die Gedanken wie Wolken, die am Himmel vorüberziehen. Versuchen Sie nicht, Gedanken zum Auftauchen zu zwingen. Vielleicht tauchen auch für eine Zeit lang gar keine Gedanken auf. Umgekehrt versuchen Sie auch nicht z. B. unangenehme Gedanken wegzudrücken. Stattdessen probieren Sie, ob Sie einen Abstand zwischen sich und dem Gedanken herstellen können. Wenn ein Gedanke verschwindet, nehmen Sie es einfach zur Kenntnis, ohne ihn festhalten zu wollen.

Atmung. Wenn Sie merken, dass Sie sich in Gedankenschleifen verlieren, kehren Sie wieder zur Atmung zurück und zählen Sie die einzelnen Atemzüge von 1 bis 10. Wenn Sie dann Ihre Aufmerksamkeit wiedererlangt haben, wenden Sie sich erneut Ihren Gedanken zu.

Gedanken benennen. Als Nächstes benennen Sie Ihre Gedanken. Geben Sie Ihnen ein »Label«, z. B. Langeweile, Einkaufsliste, Schmerzen, Pläne für den Tag, Müdigkeit usw. Kehren Sie dann wieder zur Atmung zurück und betrachten Sie weiter geduldig alles, was Ihnen durch den Sinn geht. Bemerken Sie die Pausen zwischen zwei Gedankeninhalten. Werden Sie sich bewusst, dass Gedanken stärker werden können, aber auch wieder abklingen. Vielleicht ertappen Sie sich auch dabei, dass Sie darüber nachdenken, wie es ist, über Gedanken zu meditieren. Auch das ist nur ein Gedanke. Kehren Sie wieder zur Atmung zurück.

Neugier und Geduld. Der Gedankenapparat produziert ständig neue Bilder, Pläne und Erinnerungen. Sie können das nicht aufhalten. Beobachten Sie es einfach mit einer Haltung der Neugier. Manchmal stellt sich vielleicht Ruhe oder Stille ein und Sie produzieren weniger oder gar keine Gedanken. Das ist nicht besser oder schlechter als das andere. Einfach nur mit Geduld weiter beobachten.

Für die Dauer der Übung dürfen Sie die tägliche Hektik, das Handeln, das Funktionieren, die ständige Betriebsamkeit, das Planen und Grübeln einmal sein lassen. Experimentieren Sie mit den verschiedenen Bausteinen der Übung: die Gedankenaktivität wahrnehmen, sind Sie abgelenkt, richten Sie Ihre Aufmerksamkeit auf die Atmung, benennen Sie die auftauchenden Gedanken (Label), distanzieren Sie sich von Ihren Gedanken usw.

Worauf Sie achten sollten

Gedanken sind ja an sich nichts Schlechtes, sie sollen also nicht verteufelt werden. Warum sollten Sie z. B. nicht eine Urlaubsreise planen oder ein Kreuzworträtsel lösen? Gedanken können zum Problem werden, wenn wir uns in sie hineinsteigern und verrennen. Es entstehen dann Grübeleien über die Vergangenheit oder die Zukunft, mit denen wir uns übermäßig identifizieren. Es geht bei der Achtsamkeit also nicht darum, Gedanken zu unterdrücken oder abzuschalten, sondern einen gesunden Umgang mit unserem Denkapparat zu pflegen. Dadurch können wir verhindern, dass sich unsere Gedanken unnötig verselbstständigen und wir kommen zur Ruhe.

Was könnte schwierig sein

Klassischerweise bemerkt man während der Meditation, dass man mit einem Gedanken zu sehr verstrickt und identifiziert ist. Man kann ihn also nicht loslassen. Alleine der Wunsch, Distanz zu dem Gedanken zu bekommen und ihn loszuwerden, ist aber schon wieder ein neuer Gedanke usw. Es kann helfen, einfach eine verallgemeinernde Benennung zu benutzen. Wenn es sich um die Zukunft handelt, sagen Sie sich innerlich: »planen, planen, planen«. Bei Gedanken über die Vergangenheit: »erinnern, erinnern, erinnern«. Oder noch allgemeiner, wenn Sie sich beim Grübeln ertappt haben: »denken, denken, denken ... oder grübeln, grübeln, grübeln ...« usw. Ansonsten können Sie den Fokus der Aufmerksamkeit verschieben, also wechseln Sie z. B. zu einer Körperempfindung oder zu einem der Sinne oder zur Atmung. Spüren Sie, wie Ihr Atem ein- und ausströmt.

Tanja

» Tanja realisiert ihre inneren Sätze: »Das ist nicht fair« und »So etwas lasse ich mir nicht mehr gefallen«

Tanja wird sich durch die Gedankenmeditation darüber bewusst, welche inneren Überzeugungen sie in Verbindung mit auftretendem Ärger in der Firma hat. Zuvor hatte sie immer nur das Gefühl bemerkt und irgendwie unterdrückt. Sie realisiert jetzt die inneren Sätze, die ihr durch den Kopf gehen: »das ist nicht fair«, »das habe ich nicht verdient« und »so etwas lasse ich mir nicht mehr gefallen«. Früher hätte sie sich in die Gedanken hineingesteigert und damit den Ärger noch weiter »befeuert«. Sie beherzigte aber das bisher Gelernte und beobachtete die Wechselwirkung ihrer Gedanken mit dem Gefühl des Ärgers. Anstatt die Gedanken kontrollieren zu wollen, nahm sie sie einfach zur Kenntnis. Sie suchte außerdem das Gespräch mit ihrem Teamleiter über das, was sie als ungerechte Behandlung empfand. Tatsächlich kam es zu einer Klärung.

Offenes Gewahrsein (choiceless Awareness)

In dieser Übung wenden Sie alles bisher Gelernte an. Das offene Gewahrsein ist also erst sinnvoll, wenn Sie die vorangegangenen Grundübungen ausreichend praktiziert haben. Während der Meditation nehmen Sie alles, was auf die »Bühne des Bewusstseins« tritt, wahr und heißen es willkommen. Damit stellt die Meditation einen Brückenschlag in Ihren Alltag dar, in dem ebenfalls äußere und innere Reize auf Sie einprasseln.

»Your work is to discover your world and then with all your heart give yourself to it.« *(Buddha)*

In dieser Übung wird jetzt nicht mehr ein einzelnes Meditationsobjekt fokussiert, wie z. B. eine Körperempfindung oder der Atem oder ein Gedanke oder ein Gefühl, sondern Sie treffen vorher keine Auswahl, worauf Sie achten möchten. Stattdessen achten Sie einfach darauf, was in Ihrem Bewusstsein auftaucht. Ist es z. B. ein Gedanke, dann heißen Sie ihn willkommen mit der bekannten Haltung der Akzeptanz. Wenn es dann eine Empfindung ist oder ein Geräusch, machen Sie dasselbe.

Sie erweitern dadurch das Feld der Aufmerksamkeit und öffnen es mehr, als wenn Sie nur auf eine Sache achten. Nehmen Sie neugierig wahr, was Ihre Aufmerksamkeit im Moment am meisten beschäftigt, und dann lassen Sie es einfach vorübergehen, bis das nächste Meditationsobjekt in Ihrer Wahrnehmung auftaucht.

Setup

Sie setzen sich mit geradem Rücken hin (Meditationskissen, Sitzbänkchen oder Stuhl). Die Hände liegen auf den Oberschenkeln oder im Schoß. Sitzen Sie aufrecht und entspannt. Die Augen sind entweder offen oder geschlossen. (Dauer: 15–60 Minuten.) Sorgen Sie dafür, dass Sie bei der Meditation nicht abgelenkt oder gestört werden. Die Übungsanleitung finden Sie auch auf der CD.

So läuft die Übung ab

Das offene Gewahrsein ist eine Fortgeschrittenen-Übung, die das bisher Gelernte zusammenfasst. Bei dieser Übung lassen Sie einfach alles in Ihrem Bewusstsein auftauchen, was möchte. Egal, was es ist. Es können Töne oder Geräusche sein, Gedanken, Körperempfindungen, Gefühle oder der Atem. Nehmen Sie alles, was auf die »Bühne des Bewusstseins« tritt, wahr und heißen Sie es willkommen in einer annehmenden, offenen Weise. Anders als bei den bisherigen Übungen fokussieren Sie nicht auf einen bestimmten Bewusstseinsinhalt, sondern auf alles, was sich ereignet. Beachten Sie, welche Empfindung sich in den Vordergrund drängt, bevor sie wieder abtritt. Lassen Sie sie dann einfach wieder gehen. Wenn Sie bemerken, dass Sie Ihre Aufmerksamkeit verlieren oder abgelenkt sind, kehren Sie wieder zur Atmung zurück. Dann versuchen Sie es erneut.

Gedanken. Bei Gedanken erforschen Sie, welche Gedanken besonders häufig sind. Dann, wie sie anfangen, wie sie aufhören und der Raum dazwischen. Sie können den Gedanken spezifisch benennen, oder einfach nur allgemein: »Gedanken« … usw.

Sinnesempfindungen. Bei Sinnesempfindungen benennen Sie, was es ist, was Sie spüren, z.B. »Wind« oder »Sonne« oder allgemein: »Empfindung«. Passen Sie auf, dass Sie wirklich empfinden und spüren, also z.B. Wärme oder Kälte und nicht nur ein Konzept benennen wie »Sonnenstrahlen«. Dasselbe gilt für riechen, schmecken, hören und sehen.

Gefühle. Gefühle sind etwas anderes als Sinnesempfindungen. Sie sind zwar mit Empfindungen gekoppelt, aber wesentlich komplexer. Meistens kommen zu der Grundstimmung (neutral, positiv, negativ) noch Gedanken dazu. Nehmen Sie wahr, ob es sich um angenehme Gefühle handelt, wie Freude, Dankbarkeit, Zufriedenheit oder unangenehme Gefühle wie Ärger oder Traurigkeit. Ein neutrales Gefühl wäre typischerweise Langeweile. Beachten Sie auch, ob Sie das schöne Gefühl festhalten mögen und das unangenehme Gefühl loswerden wollen. Welches Gefühl ist es? Benennen Sie es ruhig und dann fühlen und durchleben Sie die Erfahrung in der gewohnten Haltung der Akzeptanz.

Körperempfindungen. Erinnern Sie sich an den Bodyscan? Vielleicht tauchen jetzt Körperempfindungen im Bewusstsein auf. Vielleicht macht sich eine verspannte oder schmerzhafte Stelle bemerkbar? Auch hier können Sie eine Gedankennotiz machen und die Erfahrung benennen: z.B. »Verspannung« oder »Kälte« usw.

Werden Sie sich so nach und nach Ihrer Gedanken, Gefühle, Körper- und Sinnesempfindungen bewusst und erforschen, was sich alles in Ihrer inneren Welt ereignet. Keine Empfindung ist besser oder schlechter als die andere. Einfach nur wahrnehmen und entdecken, wie ein neugieriger Forscher.

Worauf Sie achten sollten

Hier die einzelnen Schritte:
- Was habe ich gerade vor? Bin ich bei der Sache?
- Was denke ich gerade?
- Was fühle ich?
- Was nehmen meine Sinne wahr?
- Wie fühlt sich mein Körper an?
- Bin ich abgelenkt?
- Wenn ja, zurückkehren zur Atmung. Wieder neu beginnen.

Was könnte schwierig sein

Wie bei keiner anderen der vorherigen Übungen kann man sich so sehr »verlieren« wie bei dieser. Man muss sich immer wieder dabei ertappen und zurückkehren. Es handelt sich auch um eine Integrationsübung, d.h. mit der Zeit geht es gar nicht mehr so sehr darum, die einzelnen Unterschiede zu bemerken (z.B. zwischen Gedanken und Gefühlen), sondern mehr um die Wahrnehmung in seiner Ganzheit. In der Achtsamkeitsterminologie vom »Tun« zum »Sein« kommen.

Kurzübung »Atemraum«

Hierbei handelt es sich um eine »Minimeditation«, die Sie immer mal zwischendurch machen können. Sie nennt sich im Englischen »Breathing Space« oder übersetzt »Atemraum«. Sie können sie in den Zeiträumen zwischen der formellen Meditation am Morgen und Abend und der informellen Meditation, z.B. beim Abwaschen, Kochen, Putzen usw. einschieben. Es ist eine bewusst kurz gehaltene Meditation. Sie ist wie eine Art Kaffeepause. Also nur wenige Minuten.

- Wählen Sie eine Position, in der Sie während der kurzen Übung verbleiben wollen. Sie können sich hinsetzen oder auch stehen bleiben. Dann richten Sie Ihre Aufmerksamkeit auf Ihre Körperempfindungen. Irgendwelche Verspannungen oder Schmerzen? Oder ein angenehmes Gefühl? Einfach wahrnehmen, so wie es ist.
- Welche Gefühle bemerken Sie? Vielleicht ein Gefühl im Bauchbereich oder im Brustkorb?
- Welche Gedanken gehen Ihnen durch den Kopf? Versuchen Sie, sich nicht in den Gedanken zu verlieren, sondern einfach nur sie zu beobachten.
- Dann wandern Sie mit der Aufmerksamkeit zur Atmung. Und zwar zur Bauchregion. Spüren Sie die ganze Einatmung und die ganze Ausatmung. Die Atemgeschwindigkeit muss nicht verändert werden. Beachten Sie einfach nur mit Neugier und Offenheit, wie sich die Atmung abspielt. Jeder Atemzug ist ein wenig anders. Versuchen Sie, die subtilen Unterschiede wahrzunehmen. Wenn die Gedanken abschweifen, kehren Sie wieder zur Atmung zurück.
- Schließlich erweitern Sie die Aufmerksamkeit von der Bauchregion zum gesamten Körper. Spüren Sie, wie der gesamte Körper atmet (nicht nur der Bauch). Akzeptieren Sie sich so, wie Sie sind, so gut es geht in dieser kleinen Minipause und »Auszeit«.

Herzensgüte (Metta) – Mitgefühl entwickeln

Sind Sie eher kritisch mit sich und anderen? Hängt Ihr Selbstwertgefühl davon ab, was andere über Sie denken oder was Sie geleistet haben? Dann ist es höchste Zeit für mehr Mitgefühl. – Und zwar für Sie! In dieser Meditation üben Sie sich zunächst in Selbstliebe und Selbstakzeptanz, bevor Sie anderen gute Wünsche senden. Je wohlwollender Sie sich selbst gegenüber werden, desto leichter fällt es Ihnen auch, andere so anzunehmen, wie sie sind.

Unsere Aufgabe muss es sein, uns aus dem Gefängnis der Selbsttäuschung zu befreien, indem wir unser Mitgefühl so erweitern, dass es alle lebenden Geschöpfe und die gesamte Natur in ihrer Schönheit umfasst.
(frei übersetzt nach Albert Einstein)

»Metta« ist ein Begriff aus dem buddhistischen Formenkreis, der meistens mit Mitgefühl oder liebende Güte bzw. Herzensgüte übersetzt wird. Ziel ist es, durch die Übung eine liebevolle Grundhaltung anderen Wesen gegenüber zu entwickeln, wobei die liebevolle Grundhaltung sich selbst gegenüber die Voraussetzung dafür ist. Sie trainieren also die Bereiche Selbstliebe und Selbstwertgefühl, aber auch den Bereich liebevolle und herzliche Interaktion mit anderen. Die traditionellen vier Themen bei dieser Übung sind:

- 1. Sicherheit (innen und außen)
- 2. Glück
- 3. Gesundheit
- 4. Leichtigkeit (ein Leben ohne größere Schwierigkeiten)

Diese vier Qualitäten wünschen Sie sich selbst und anderen. Die Herzensgüte wird manchmal als der zweite Flügel eines Vogels beschrieben. Der andere Flügel ist die Achtsamkeit. Man benötigt beide, um zu fliegen. Mitgefühl und Herzensgüte sind Seinsqualitäten, die von selbst hervortreten, wenn wir achtsamer mit uns selbst und anderen umgehen.

Setup

Sie setzen sich mit geradem Rücken hin (Meditationskissen, Sitzbänkchen oder Stuhl). Die Hände liegen auf den Oberschenkeln oder im Schoß. Sitzen Sie aufrecht und entspannt. Die Augen sind entweder offen oder geschlossen. Dauer: 15–60 Minuten. Die Übungsanleitung finden Sie auch auf der CD.

So läuft die Übung ab

Beginnen Sie die Übung, indem Sie sich einem Gefühl und Empfindungen von liebender Fürsorge und Herzlichkeit öffnen. Das lässt sich nicht erzwingen.

Mitgefühl für sich selbst.
Im ersten Teil der Übung richtet man das Gefühl von Liebe auf sich selbst. Fangen Sie an, indem Sie an etwas denken, was Sie an sich selbst gerne mögen. Das kann etwas Kleines sein. Oder eine Charaktereigenschaft. Wenn Ihnen nicht gleich etwas einfällt, dann verweilen Sie einfach in dem Bewusstsein von Ihrem Wunsch, dass Sie glücklich sein wollen. Dieser Wunsch ist angemessen und völlig in Ordnung. Schließlich streben alle lebenden Wesen danach, glücklich zu sein.

Für einige Zeit können Sie jetzt an das Gute in Ihnen denken oder bei Ihrem Wunsch nach Glück verweilen.

Suchen Sie sich dann drei oder vier Sätze aus, die das ausdrücken, was Sie sich für sich selbst wünschen. Nicht nur heute, sondern langfristig. Was wünschen Sie sich am meisten für sich selbst?

Traditionelle Sätze.
Die traditionellen Sätze dazu sind:
- »Möge ich frei sein von Gefahr«! oder »Möge ich in Sicherheit leben!« (Mit Gefahren sind äußerliche und innere Gefahren gemeint, also z. B. schlechte Charaktereigenschaften.)
- »Möge ich glücklich sein!«
- »Möge ich gesund sein!«
- »Möge ich in Leichtigkeit leben!« (Der Satz meint, ein Leben ohne Kämpfe und übermäßige Anstrengungen.)

Verwenden Sie am besten die traditionellen Sätze. Versuchen Sie, die Fürbitte nicht so sehr aus dem Verstand, sondern mehr aus dem Herzen kommen zu lassen. Mit der Zeit werden Sie den Unterschied spüren. Versuchen Sie nicht, die beschriebene Stimmung herbeizuzwingen. Lassen Sie sie mehr aus sich heraus entstehen. Wiederholen Sie sich die Sätze innerlich.

Liebe und Mitgefühl –
ein Schatz, der wie eine süße Frucht im Inneren ruht.
Eine Kraftquelle für sich und andere.

Bleiben Sie dann bei dem Gefühl, das durch die Formulierungen ausgelöst wurde. Wenn Sie abgelenkt sind oder sich in Gedankenschleifen über die Bedeutung der Sätze ertappen, kehren Sie immer wieder zurück. Sie können, wie gewohnt, Ihre Atmung als Anker benutzen. Aber bringen Sie die Aufmerksamkeit auch zurück auf die Sätze.

Mitgefühl für einen Mentor. Nachdem Sie diese Wünsche für sich selbst zum Ausdruck gebracht haben, folgt der nächste Abschnitt der Übung. Nun sollen Sie an eine Person denken, die Sie inspiriert oder die Ihnen hilfreich zur Seite gestanden hat. Eine Art Mentor also. Wenn Ihnen jemand in den Sinn kommt, können Sie sich ein inneres Bild dieser Person machen oder ihren Namen innerlich aussprechen. Stellen Sie sich vor, diese Person befände sich direkt vor Ihnen.

Nun senden Sie dieser Person Ihre Liebe und Ihr Mitgefühl in Form der genannten Sätze (In der Du-Form): »Mögest du frei sein von Gefahr!« oder »Mögest du in Sicherheit leben!«, »Mögest du glücklich sein!«, »Mögest du gesund sein«! und »Mögest du in Leichtigkeit leben!«.

Mitgefühl für einen Freund. Als Nächstes kommt ein guter Freund oder eine gute Freundin. Denken Sie an diesen Freund und stellen Sie sich vor, dass er vor Ihnen sitzt. Auch diese Person möchte einfach nur glücklich sein. Senden Sie ihr Ihre guten Wünsche und Ihre guten Absichten. Verwenden Sie dieselben Sätze wie für den Mentor.

Mitgefühl für einen Bekannten. Die nächste Person, die Sie auswählen, soll »neutral« sein, also jemand, für den Sie weder starke positive noch starke negative Gefühle haben. Die neutrale Person kennen Sie nicht gut. Aber wie alle anderen lebenden Wesen möchte auch sie einfach nur glücklich sein. Senden Sie ihr also dieselben guten Gedanken, Absichten und positiven Gefühle: »Mögen Sie frei sein von Gefahr!« oder »Mögen Sie in Sicherheit leben!«, »Mögen Sie glücklich sein!«, »Mögen Sie gesund sein!« und »Mögen Sie in Leichtigkeit leben!«.

Mitgefühl für einen Widersacher. Schließlich folgt eine Person, mit der Sie nicht so gut klarkommen, mit der Sie irgendwelche Schwierigkeiten haben. Senden Sie ihr die gleichen Sätze wie der neutralen Person.

Wenn Ihnen das schwerfällt, benutzen Sie auch die anderen Achtsamkeitswerkzeuge, die Sie bisher kennengelernt haben, bleiben Sie bei der Atmung, versuchen Sie nicht zu bewerten und benennen Sie ein etwa aufkommendes Gefühl wie Ärger. Machen Sie sich eine Gedankennotiz zu den aufkommenden Empfindungen und Gedanken, ohne sich darin zu verlieren. Dann richten Sie wieder die Gefühle von Liebe und Herzlichkeit auf sich selbst.

Ein Trick für Personen, mit denen man Schwierigkeiten hat, ist der Folgende: Wünschen Sie einfach sich beiden zusammen alles Gute: »Mögen wir frei sein von Gefahr!« oder »Mögen wir in Sicherheit leben!«, »Mögen wir glücklich sein!«, »Mögen wir gesund sein!« und »Mögen wir in Leichtigkeit leben!«.

Mitgefühl für alle lebenden Wesen. Zuletzt wird »Metta«, also Mitgefühl, Liebe und Freundlichkeit, allen lebenden Wesen gesendet. Das heißt alle Menschen, Tiere, Pflanzen und schließlich der ganze lebende Planet Erde. In diesem Teil der Übung werden alle eingeschlossen, es werden keine Ausnahmen gemacht: »Möget Ihr frei sein von Gefahr!« oder »Möget Ihr in Sicherheit leben!«, »Möget Ihr glücklich sein!«, »Möget Ihr gesund sein!« und »Möget Ihr in Leichtigkeit leben!«.

Ihre Fähigkeit, Mitgefühl und Liebe für andere zu empfinden und auszudrücken, ist übrigens keine Schwäche, sondern eine Ihrer stärksten Fähigkeiten! Diese macht Sie mehr als andere Fähigkeiten zum Menschen. Denken Sie immer daran.

Worauf Sie achten sollten

Die vorgeschlagenen Sätze gehören zur klassischen Grundübung von Metta. Sie haben sich bewährt und beruhen auf langer Erfahrung. Wenn Sie dennoch Schwierigkeiten mit einzelnen Sätzen haben, steht es Ihnen frei, diese zu ergänzen oder für sich passend zu machen. Sie können sogar neue Sätze kreieren. Wichtig ist natürlich, dass sie die Grundhaltung von Herzensgüte beinhalten und positiv formuliert sind. Beispiele wären: »Möge ich mich so akzeptieren, wie ich bin.« Oder: »Möge ich in Harmonie und Frieden mit anderen Menschen leben.« Die Sätze sollten keine egoistischen Ziele beinhalten, also z. B. »Möge ich morgen im Lotto gewinnen.« Das ist zwar prinzipiell okay, aber kein Metta. Überprüfen Sie die Sätze darauf, ob sie einigermaßen altruistisch formuliert sind. Alle Sätze, die auf eine herzliche und warme Einstellung sich selbst gegenüber abzielen, sind in Ordnung und erwünscht. Nur wenn die Formulierung übertrieben wird, im Sinne von Narzissmus und Hochnäsigkeit, stellt sie ein Problem dar. Natürliche Selbstliebe und eine wohlwollende Einstellung uns selbst gegenüber sollten stattdessen der Normalzustand sein. Oft sind wir zu kritisch uns selbst gegenüber.

Was könnte schwierig sein

Wie bei keiner anderen Übung kann man sich sehr in Konzepten über Liebe und Mitgefühl verlieren. Die Übung hat dann mehr einen kontemplativen Charakter. Sie denken vielleicht darüber nach, was es überhaupt heißt, wenn Sie jemandem Gesundheit oder Frieden wünschen. Am Anfang ist das okay. Im Verlauf soll es aber keine »Denkaufgabe« sein, sondern mehr und mehr in das Gefühl von Liebe übergehen, die Sie jemandem wünschen und aussenden.

Wenn Ihnen absolut niemand einfällt, machen Sie die Übung weiter mit sich selbst. Wünschen Sie sich einfach selbst etwas Gutes. Sie haben es sich verdient!

Einer Person, die Sie nicht gut leiden können, mögen Sie vielleicht aus Prinzip keine guten Wünsche senden. Das ist auch okay. Beschränken Sie sich dann wieder auf sich selbst und dann auf gute Freunde und Mentoren. Irgendwann wird es schon klappen.

Wenn die Person, mit der Sie Schwierigkeiten haben, Ihnen Unrecht angetan hat, heißt das nicht, dass Sie das in der Übung gutheißen sollen. Es geht mehr darum zu erkennen, dass auch Menschen, die sich Ihnen gegenüber feindselig oder unfair verhalten haben, sozusagen »im selben Boot sitzen« und auch nur ein glückliches Leben führen wollen.

Wenn Sie einer für Sie schwierigen Person immer noch kein Mitgefühl senden wollen, dann lassen Sie es und nehmen zur Kenntnis, dass Sie dazu im Moment noch nicht bereit sind. Das ist in Ordnung. Kein Zwang bei der Achtsamkeit!

Eine häufige Frage, die zur Metta-Übung immer wieder auftaucht, ist die nach der Wertung. Achtsamkeit soll doch eigentlich nicht wertend und nicht beurteilend sein!? Das ist richtig. Andererseits geht man davon aus, dass die Haltung der Herzensgüte der Normalzustand ist, in dem wir uns eigentlich unablässig befinden müssten, wenn wir nicht dauernd durch unsere eingefahrenen Verhaltensmuster und unsere künstliche und hektische Umwelt abgelenkt wären. Herzensgüte entspricht unserer wahren Natur, die ohnehin durch die Übungen immer mehr zum Vorschein kommt. Wir helfen am Anfang nur etwas nach, um uns daran zu erinnern, dass wir mitfühlende und wohlwollende Wesen sind, die Glück suchen und Unglück vermeiden wollen. Und das gilt für alle anderen Menschen genauso, und im erweiterten Sinne auch für alle lebenden Wesen.

Sandra

» Eine positive Einstellung zu sich selbst, öffnet einen auch für andere

Sandra hat sich mit einer Kollegin gestritten und die beiden reden nicht mehr miteinander. Obwohl sie früher gut zusammengearbeitet haben, scheinen die Fronten verhärtet. Sandra erinnert sich an die Metta-Übung. Da es ihr schwerfällt, der Kollegin etwas Positives zu wünschen, beginnt sie die Übung mit positiven Gedanken für sich selbst. Unweigerlich kommt sie nach einer Weile in eine versöhnliche Stimmung. Sie wünscht der Kollegin dann doch noch etwas Gutes, nämlich, dass sie gesund sein möge und in Frieden leben möge. Dann stellt sie sich vor, dass beide, also sie und ihre Kollegin, miteinander in Frieden leben mögen. Dadurch, dass Sandra nicht mehr so nachtragend ist, löst sich der Konflikt in der Firma langsam wieder auf und die beiden kommen wieder ins Gespräch.

Meditation über die Hindernisse

In dieser Übung stehen die Gedanken, Gefühle und Körperempfindungen, die einem das Meditieren verleiden wollen, auf einmal im Scheinwerferlicht: All dem: »das bringt doch nichts«, »du vergeudest deine Zeit«, ich kann nicht mehr sitzen«, »ich bin müde«, »mir tun die Beine weh« … wenden Sie nun Ihre Aufmerksamkeit zu. Diese Übung erleichtert Ihnen nicht nur das Meditieren, sondern verbessert ganz allgemein Ihre Fähigkeit, mit Problemen und Schwierigkeiten umzugehen.

»Man muss selbst ausdauernder sein als die Schwierigkeiten.
Es gibt keinen anderen Ausweg.«
(Aurobindo)

Es gibt traditionell fünf Hindernisse, die bei der Durchführung der Achtsamkeit auftauchen: Gier und Abneigung, Müdigkeit und Unruhe sowie Zweifel. Alle fünf können selbst wieder zum Meditationsobjekt werden. – Hindernisse werden sich unweigerlich einstellen. Machen Sie sich daher mit ihnen vertraut.

Setup

Sie setzen sich mit geradem Rücken hin (Meditationskissen, Sitzbänkchen oder Stuhl). Die Hände liegen auf den Oberschenkeln oder im Schoß. Sitzen Sie aufrecht und entspannt. Die Augen sind entweder offen oder geschlossen. Stellen Sie Ihre Meditationsuhr auf 15 Minuten. Sorgen Sie dafür, dass Sie bei der Meditation nicht abgelenkt oder gestört werden.

So läuft die Übung ab

Sie beginnen mit ein paar bewussten Atemzügen. Achten Sie dann auf die Körperempfindungen und Gefühle, die auftauchen. Wenn das Gefühl besonders angenehm ist, kann das zu einem Hindernis werden. Versuchen Sie, sich zu entspannen und das Gefühl einfach nur so zu nehmen, wie es ist, ohne daran festzuhalten.

Abneigung. Umgekehrt, kann auch das Hindernis der Abneigung entstehen. Eine Empfindung, die Sie nicht so sehr mögen, wollen Sie vielleicht wegstoßen oder loswerden. Bleiben Sie stattdessen dabei – ohne Bewertung, solange es geht. Denken Sie nicht über die Empfindung nach, sondern erforschen sie genauer. Ist sie kalt, warm, hart, weich, leicht oder schwer? Einfach nur wahrnehmen.

Wird die Empfindung stärker, lässt sie im Verlauf nach, bleibt sie gleich? Verschwindet sie? Einfach nur wahrnehmen und evtl. zwischendurch wieder mehr auf den

Atem fokussieren. Entspannen Sie sich, kämpfen Sie nicht unnötig. Einfach nur erforschen. Was geschieht gerade in diesem Augenblick? Entspannt, lernen, beobachten … Die Erfahrung benennen.

Müdigkeit. Schließlich taucht vielleicht Schläfrigkeit oder Müdigkeit auf. Nehmen Sie weiter genau wahr, was geschieht. Fühlt sich der Körper schwer an? Ist das Bewusstsein getrübt, wie Nebel, oder verstreut? Bleiben Sie bei der Empfindung, bei der Atmung, bei diesem Augenblick, diesem Moment.

Unruhe. Es kann aber auch Unruhe auftauchen. Sie möchten vielleicht die Übung abbrechen und fragen sich, wann sie endlich vorbei ist. Auch hierbei handelt es sich um eine Mischung aus Körperempfindungen, Gefühlen und Gedanken. Versuchen Sie die Unruhe so zu lassen, wie sie ist. Sie können das Hindernis kurz benennen »Unruhe« und dann wieder zur Atmung zurückkehren. Untersuchen Sie die Unruhe dann genauer in ihren einzelnen Bestandteilen, ist es mehr eine Verspannung oder Widerstand gegen die Übung oder vielleicht eine Qualität von Angst?

Zweifel. Schlussendlich kann noch das Hindernis des Zweifels auftauchen. Vielleicht sind Sie skeptisch, was das alles soll. Das mit der Achtsamkeit scheint nicht so richtig zu funktionieren. Ist es vielleicht Unsinn? Vertun Sie vielleicht gerade Ihre Zeit und könnten etwas Besseres machen? Bleiben Sie mit der Aufmerksamkeit auch bei diesem Hindernis und beobachten es genau. Kehren Sie regelmäßig zur Atmung zurück, benennen Sie das Hindernis: »Zweifel«. Versuchen Sie die Haltung von Akzeptanz und Mitgefühl auf den Zweifel anzuwenden. Sitzen Sie weiter. Die Intensität des Zweifels lässt vielleicht irgendwann nach oder sie wird sogar noch stärker. Beobachten Sie es einfach. Spüren Sie auch, wie sich der Zweifel auf den Körper auswirkt, wie er bestimmte Empfindungen auslöst und umgekehrt. Entdecken Sie einfach. Reagieren Sie nicht und versuchen Sie nicht den Zweifel zu kontrollieren oder wegzustoßen.

Bleiben Sie bei der Übung und warten, ob ein anderes der fünf Hindernisse auftaucht. Es muss auch keins auftauchen. Vielleicht läuft die Sitzung auch einfach nur so ab. Das ist auch okay.

Irgendwann können Sie dann wieder die Augen öffnen und die Welt um sich herum wahrnehmen. Nehmen Sie dann das Bewusstsein um die Hindernisse mit in den Alltag. Sie werden nicht verhindern können, dass Sie auch zwischendurch auftauchen. Aber Sie können Ihre Einstellung und Ihre Haltung dazu ändern.

Worauf Sie achten sollten

Müdigkeit, die während der Meditation auftritt, kann auch am schlechten Timing liegen oder an ungünstiger Vorbereitung. Achten Sie z. B. auf genügenden Schlaf? Wenn Sie nach einem anstrengenden Tag »mal noch eben schnell« meditieren wollen, dürfen Sie sich nicht wundern, wenn Sie müde werden. Das ist kein Hindernis im eigentlichen Sinne. Zum Timing gehört es auch, dass Sie nicht meditieren, kurz bevor Sie noch etwas Dringendes oder Wichtiges erledigen müssen. Sie wären gedanklich sonst nur abgelenkt und Ihr Geist käme nicht zur Ruhe.

Florian

» Mal findet Florian die Meditation toll, dann wieder ist er eher genervt und unruhig

Florian machte seine ersten Erfahrungen mit den Achtsamkeitsübungen. Zunächst passierte scheinbar gar nichts. Dann hatte er Schmerzen. Einen Tag fand er die Übung total toll, dann war er eher genervt und hastete durch die Meditation, weil er danach noch einen wichtigen Termin hatte. Besonders enttäuscht war er, dass er nicht sofort in höhere Bewusstseinszustände eintauchte. Auch mit der Gelassenheit und Akzeptanz klappte es nicht so, wie er es sich vorstellte. Durch die Selbstdisziplin und Beharrlichkeit entstand mit der Zeit aber so etwas wie ein Gleichgewicht bei den Übungen. Tatsächlich ließen die anfänglichen Schwierigkeiten mit der Zeit nach und Florian konnte sich immer mehr auf die Wahrnehmung des gegenwärtigen Augenblicks einlassen. Das Hin-und-herschalten zwischen hektischem Tun und einfach nur Sein gelang Florian immer besser. Eine Fähigkeit, die er besonders nutzte, um sich in Ruhephasen schneller »herunterzufahren«.

Die Übung variieren

Versuchen Sie, die klassischen fünf Hindernisse im Alltag bei sich zu bemerken. Wann sind Sie z.B. »gierig« und nicht mit dem zufrieden, was Sie bereits haben? Ein Gegenmittel wäre dann Dankbarkeit für das, was einem ständig gegeben wird, und nicht so sehr darauf zu fokussieren, was Sie (noch) nicht haben. Achten Sie auf Abneigung und Widerstand bei sich im Alltag. Zu dem Oberbegriff »Abneigung« gehören aus dem Achtsamkeitsverständnis heraus auch Ärger, Angst, Enttäuschung und Schuldgefühle. Betrachten Sie es als Fortgeschrittenen-Übung, diese Unterkategorien im Alltag bei sich zu bemerken. Als Gegenmittel können Sie dann die Herzensgüte, die in der Metta-Übung trainiert wird (siehe S. 91), einsetzen. Schläfrigkeit wurde schon ausreichend erläutert. Sie ist am einfachsten zu identifizieren. Ebenso Unruhe und Zweifel. Trainieren Sie sich darin, alle fünf zu bemerken, dann anzuerkennen (also so zu lassen, wie sie sind) und schließlich zu benennen. Finden Sie auch heraus, bei welchem Hindernis es Ihnen schwerer fällt mit der Akzeptanz und bei welchem es leichter ist.

Mit Schwierigkeiten und Störungen umgehen

Bei jedem Meditierenden treten früher oder später Hindernisse oder Schwierigkeiten auf. Die Tatsache, dass es eine spezielle Meditation zu diesem Thema gibt, zeigt Ihnen bereits, dass Sie nicht allein sind, wenn Sie am Sinn der Übungen zweifeln oder einen Unwillen beim Meditieren entwickeln. Sie haben aber bereits auch gelernt, alle Gefühle, Empfindungen und Gedanken einfach wahrzunehmen, zu beobachten und nicht zu bewerten.

Grundsätzlich helfen Beharrlichkeit, Disziplin und das Bei-der-Sache-Bleiben, sowohl in guten wie auch in schlechten Meditationszeiten. Geben Sie nicht zu früh auf. Um sich ein genaues Bild zu machen, muss man schon längere Zeit an der Meditation drangeblieben sein. Schon allein, weil es wie bei allen neuen Lernprozessen so etwas wie Anlaufschwierigkeiten gibt. Wenn Neugier und Interesse mit der Zeit abnehmen und die Skepsis überwiegt, kann es auch helfen, mit ein paar Freunden zusammen zu meditieren oder zur Yoga-Stunde im Sportstudio zu gehen, um sich wieder zu motivieren. Zusammen mit anderen kommen Sie wieder schneller in Stimmung und können sich gegenseitig aufbauen. Auch ein ganzer Tag in Achtsamkeit kann die Motivation wieder anheizen. Vielleicht sind Sie auch zu lange bei derselben Übung verblieben und es ist Zeit für einen Wechsel. Probieren Sie eine andere Übung aus.

Übertreiben Sie das Meditieren?

Im Gegensatz zur Lustlosigkeit kann es aber auch zur »Besessenheit« und übermäßigem Meditieren kommen. Das ist genauso wenig Sinn der Sache. Hier hilft vielleicht eine Zwangspause oder ein kleiner Urlaub von der Meditation. Wenn Ihnen Ihr Umfeld signalisiert, dass Sie es mit der Meditation übertreiben und allen damit auf die Nerven gehen, prüfen Sie den Wahrheitsgehalt (sind die anderen vielleicht neidisch und eifersüchtig oder haben sie recht?) und finden Sie gegebenenfalls wieder zu einem ausgewogenen Maß zurück.

Fühlen Sie sich unruhig?

Unruhe begegnet man dadurch, dass man zunächst nur kurze Meditationszeiten einplant und sie graduell verlängert. Sie werden erstaunt sein, wie lange Sie sitzen können, wenn Sie die Sitzungen jedes Mal nur ganz kurz nach hinten hinauszögern und verlängern. Dasselbe gilt für Geduld. Es ist noch kein Meister vom Himmel gefallen. Alle mussten üben, auch so prominente Meister wie Jesus und Buddha. Probieren Sie auch ganz banale Dinge aus, wie zusätzliche Kissen oder eine Veränderung der Sitzposition. Man kann z. B. flache Bücher unter die hinteren Stuhlbeine legen, um etwas nach vorne gekippt zu sitzen. Immer wenn eine schlechte Stimmung auftritt, denken Sie an das, was Sie gelernt haben: Spüren Sie die Emotion, benennen Sie sie im Geiste, z. B. »Langeweile, Langeweile …« Bemerken Sie den Wunsch, dass Sie das Gefühl am liebsten loswerden möchten. Soweit Ihnen das gelingt, verweilen Sie mit dem Gefühl der Langeweile. Finden Sie heraus, wo sich das Gefühl im Körper bemerkbar macht. Beobachten Sie zusätzlich die dazugehörigen Gedanken, die Ihnen durch den Kopf gehen. Kommt Ihnen z. B. ein Gedanke wie: »Bei mir funktioniert das nicht«, dann beobachten Sie ihn einfach und kehren wieder zur Atmung zurück. Atmen Sie mit Warmherzigkeit und Freundlichkeit an die Stelle, wo Sie das Gefühl spüren oder wo der Gedanke gerade herkam.

Es geht nicht darum, Ihre Gedanken »abzustellen«

Generell können Sie sich noch einmal klarmachen, dass Achtsamkeitsmeditation nicht dazu dienen soll, überhaupt nicht mehr zu denken oder die Gedanken abzustellen. Stattdessen wollen Sie sich Ihrer Gedanken bewusst werden und sie von einer distanzierten Position aus betrachten.

Es geht auch nicht darum, in besonders »erleuchtete« Bewusstseinszustände einzutreten (auch wenn so etwas durchaus im Laufe der Zeit einmal passieren kann). Nein, Sie wollen einfach nur bei der gegenwärtigen Erfahrung sein, mit Akzeptanz und Gelassenheit. Je weniger Erwartungen Sie an die Meditation haben, desto weniger werden Sie enttäuscht sein, wenn die Erwartungen nicht eintreten.

Achtsamkeit ist auf lange Zeiträume ausgerichtet. Man kann ihre Wirkung nicht in ein paar Stunden erzwingen, auch wenn wir das in unserer schnelllebigen Zeit gerne so hätten.

»Anfängergeist« – bleiben Sie neugierig!

Ja, Sie werden manchmal unruhig sein und manchmal entspannt. Mit der Zeit wird aber die innere Ruhe zunehmen. Manchmal werden Sie sich nach einer Meditation sogar schlecht fühlen. Das gehört zu dem Lernprozess dazu. (Es sollte sich natürlich in Maßen halten.) Auch Meditationspausen sind okay. Wenn Sie mal eine Übung ausgelassen haben, dann seien Sie nicht zu streng mit sich. Geben Sie aber nicht zu schnell auf. Meditation wirkt zu einem Großteil auch unterhalb der Bewusstseinsschwelle, sodass Sie scheinbare »Fortschritte« auch nicht sofort bemerken. Denken Sie auch an den experimentellen Charakter der Achtsamkeitsübungen. Sie können einfach nur immer wieder üben und herausfinden, was das für eine Wirkung auf Sie hat. Stets neu. Erinnern Sie sich an den Begriff: »Anfängergeist«, der das beschreibt.

Äußere Störungen vermeiden

Neben den inneren Hindernissen gibt es natürlich auch so etwas wie äußere Störungen. Sie beruhen meistens auf schlechter Vorbereitung. Sie sollten vor dem Meditieren z. B. nicht schwer essen. Nach einem sehr anstrengenden Arbeitstag fällt Meditation schwerer als am Morgen, wenn man ausgeruht ist. Ihr Gehirn sollte vor der Meditation schon etwas zur Ruhe gekommen sein und nicht übermäßig stimuliert worden sein. Wenn Sie vorher etwas getan haben, was Sie eher aufregt (z. B. eine aufwühlende Sendung im Fernsehen, ein hektischer Arbeitstag oder ein Familienstreit), müssen Sie sich vielleicht zunächst »runterfahren«, bevor Sie mit der Übung anfangen.

Lärm und Störungen können Sie nur vermeiden, indem Sie Meditationszeiten wählen, wo es erfahrungsgemäß ruhig in Ihrem Haus ist, also z. B. nicht in der »Rush Hour«, wenn gerade alle Familienmitglieder gleichzeitig herumwuseln. Telefone sollten leise gestellt und der Anrufbeantworter angestellt sein. Wenn Sie sich zurückziehen, müssen Sie Ihren Mitbewohnern vorher klar signalisiert haben, dass Sie nur in Notfällen gestört werden dürfen. Es braucht manchmal etwas Zeit, bis Sie darin ernst genommen werden. An unruhigen und lauten Orten sollte man sowieso nicht üben. Ihre Meditationsecke ist idealerweise an einem ruhigen und störungsfreien Ort in der Wohnung bzw. im Haus (z. B. keine Durchgangszimmer). Wenn es gar nicht anders geht, muss man sich Ohrenstöpsel besorgen. Vor und nach der Meditation muss genug Zeitpuffer liegen. Die Meditationszeit sollte nicht zwischen wichtige oder hektische Termine dazwischengepresst sein. Bei starker Müdigkeit und Schlafmangel ist erst einmal Schlaf angesagt. Idealerweise sollten Sie vor der Meditation immer ruhig, entspannt (geistig und körperlich) und ungestört sein. Dies gelingt natürlich im Alltagsgeschäft nicht immer. Eine Meditationssitzung kann daher durchaus auch einmal unproduktiv sein. Das ist aber normal. Mit der Zeit werden Sie immer sicherer und erfahrener mit der Organisation der jeweiligen Sitzung sein.

Gleichmut entwickeln

Sind Sie gleich auf 180, wenn etwas nicht sofort klappt? Reagieren Sie gereizt, wenn eine Kollegin einen Fehler gemacht hat? Oder fühlen Sie sich Ihren eigenen emotionalen Hochs und Tiefs hilflos ausgeliefert? Diese Übung unterstützt Sie dabei, Ihre innere Balance zu finden. Sie werden ausgeglichener und besonnener mit Ihren Kindern, Ihrem Partner und Ihren Arbeitskollegen umgehen.

Glück hängt nicht von der Intensität ab, sondern von Gleichgewicht und Ordnung, von Rhythmus und Harmonie.«
(frei übersetzt nach Thomas Merton)

Gleichmut ist eine weitere Eigenschaft, die sich von selbst entwickelt, wenn wir Achtsamkeit praktizieren. Da es sich um einen ausgeglichenen Zustand handelt, ist er umso wünschenswerter, weil er für das gesunde Mittelmaß steht, also nicht zu viel und nicht zu wenig. Gleichmütig bedeutet übrigens nicht gleichgültig! Gleichmut heißt auch nicht, dass uns alles egal ist und wir phlegmatisch sind. Sondern es bedeutet, offen und gelassen zu sein, für das, was sich gerade ereignet, ohne etwas nachzurennen und ohne etwas zu vermeiden. Zu Gleichmut gehört auch so etwas wie Weisheit, also der Lebenserfahrung, dass das Leben im ständigen Wandel begriffen ist und dass wir es nur begrenzt kontrollieren können. Was übrigens wiederum nicht mit Resignation oder Fatalismus gleichzusetzen ist. Weisheit und Gleichmut sind nicht umsonst Eigenschaften, die man vor allem älteren Menschen nachsagt, die »schon so einiges im Leben durchgemacht haben«. Es wird auch als Weisheit bezeichnet, wenn man gelernt hat zu unterscheiden zwischen den Dingen, die man verändern kann, und den Dingen, die man nicht verändern kann. Ein universelles Konzept also, was nicht nur auf die Achtsamkeit beschränkt ist.

Setup

Sie setzen sich mit geradem Rücken hin (Meditationskissen, Sitzbänkchen oder Stuhl). Die Hände liegen auf den Oberschenkeln oder im Schoß. Sitzen Sie aufrecht und entspannt. Die Augen sind entweder offen oder geschlossen. (Dauer: 15 Minuten.) Sorgen Sie dafür, dass Sie bei der Meditation nicht abgelenkt oder gestört werden.

So läuft die Übung ab

Sie sitzen und stimmen sich ein. Sie achten auf Ihren Atem, auf Geräusche in der

Umgebung, auf Körperempfindungen, Gedanken, einfach alles, was auftaucht. Im Grunde genommen ist die Übung ähnlich den bisherigen. Richten Sie jetzt den Fokus der Achtsamkeit aber mehr darauf, ob die Erfahrung, die Sie gerade machen, angenehm, unangenehm oder eher neutral ist. Benennen Sie ruhig Ihre gegenwärtige Erfahrung im Geiste, z.B. »neutral«. Ihre Empfindung wird sich während der Übung verändern. Ein angenehmes Gefühl würden Sie vielleicht gerne behalten oder verlängern. Ein Unangenehmes vielleicht eher loswerden. Oder Sie verlieren sich in Gedanken, weil »nicht viel passiert« und die Erfahrung neutral ist. Machen Sie sich keinen Stress damit, ob die Erfahrung jetzt wirklich neutral ist oder doch etwas gefärbt mit »Angenehmheit«. Die Übergänge sind fließend. Bleiben Sie einfach bei Ihrer Wahrnehmung. Vielleicht finden Sie gerade einen anderen Aspekt Ihrer Meditation viel interessanter, z.B. was Sie gerade hören. Auch hier können Sie kurz innehalten und versuchen herauszufinden, ob Sie das, was Sie hören, eher angenehm finden oder unangenehm, oder ob es Ihnen egal ist.

Vielleicht verlieren Sie sich gerade in Fantasien, die besonders schön sind. Nehmen Sie dann Notiz davon, dass Sie sich gerade deshalb in der Fantasie befinden, weil Sie diese so angenehm finden und sie Ihnen solchen Spaß macht. Umgekehrt kann auch eine Fantasie auftauchen, die mit Ärger und Wut zu tun hat. Mit der Fantasie sind Empfindungen verknüpft. Wahrscheinlich sind sie nicht angenehm. Wie ist es mit den Körperempfindungen? Können Sie sie einfach so lassen, wie sie sind? Sind sie gerade angenehm und möchten Sie, dass es so bleibt? Oder wollen Sie Ihre Position verändern, weil Ihnen das gegenwärtige Gefühl gerade »nicht passt«? Können Sie die Erfahrung einfach so erleben, wie sie ist? Das Heben und Senken der Brust bei der Atmung ist vielleicht neutral und langweilig. Öffnen Sie sich trotzdem für die Erfahrung. Sie müssen nichts kontrollieren, nichts verhindern. Lassen Sie die Erfahrung einfach laufen. Und machen Sie ab und zu eine kleine Gedankennotiz: »angenehm, neutral oder unangenehm«.

Worauf Sie achten sollten

Unsere täglichen Erfahrungen sind ständigem Wandel unterworfen. Wenn Sie sich darüber bewusst sind, hilft das, Ihr Leben in einen größeren Zusammenhang zu stellen. Wenn Sie darauf achten, wie der tägliche Erfahrungsfluss ständig wechselt von angenehmen zu unangenehmen und neutralen Gefühlen, hilft Ihnen das, gelassener durch die Höhen und Tiefen des Lebens zu gehen. Die Ebbe und die Flut kommen und gehen. In unserem Inneren bewegen sich auch die »Wellen« von Hunger, Sattheit, Angst, Vertrauen, Müdigkeit, Aufgekratztsein, Ärger und Mitgefühl auf und ab. Je mehr Sie dieses ständige Wechseln der Zustände und seine Zyklen wahrnehmen, desto weniger werden Sie aus Ihrem Gleichgewicht kommen. Keine Sorge, Sie sollen nicht zu einem »abgeklärten« Senior werden, dem alles egal ist – ganz im Gegenteil, Gleichmut hat nichts mit Resignation oder Fatalismus zu tun.

Was könnte schwierig sein?

Eine Schwierigkeit kann entstehen, wenn Sie sich zu sehr damit beschäftigen, ob die Erfahrung nun wirklich neutral ist oder aber doch vielleicht eher angenehm oder doch mehr unangenehm usw. Wenn Sie merken, dass Sie sich in die Konzepte verrennen, dann kehren Sie lieber zu einem anderen Meditationsobjekt zurück, wie der Atmung oder einer Körperempfindung. Es geht darum, Gelassenheit zu entwickeln, weil man die Tönung und Färbung des Erfahrungsflusses wahrnimmt. Es geht nicht darum, über Konzepte wie »Neutralität« zu sinnieren.

Petra

» Im ständig wechselnden Gefühls- und Gedankenstrom verloren

Petra macht seit einiger Zeit die Übung zum Gleichmut. Besonders fällt ihr einmal beim Radiohören auf, wie sehr sie davon beeinflusst wird, ob ihr die Musik gefällt oder nicht. Nacheinander wandert sie durch alle möglichen Radiosender. Aber stets findet sie die Sendungen »bescheuert« oder »uninteressant«. Das führt dazu, dass sie immer weiterschaltet und immer ärgerlicher wird, weil kein einziger Sender etwas »Vernünftiges« spielt. Schließlich findet sie dann doch einen Kanal, wo ein besonders schönes Lied gespielt wird. Den Künstler kannte Petra bisher noch nicht. Sofort verliert sie sich in Fantasien, dass sie gerne ein Konzert von dem Musiker besuchen würde, und sie plant, gleich zu Hause eine CD von dem Künstler zu bestellen. Schließlich »ertappt« sie sich dabei, wie sie sich in ihrem ständig wechselnden Gefühls- und Gedankenstrom verloren hat. Sie schmunzelt.

Die Übung variieren

Im tibetischen Buddhismus gibt es eine Übung, in der man sich vorstellt, dass der Geist dem Himmel in seiner Größe und Weite entspricht. Nun stellt man sich weiter vor, dass alle unsere Empfindungen, Gedanken und Emotionen wie das Wetter sind, welches sich innerhalb dieses Himmels abspielt. Die Natur des Himmels wird dadurch nicht beeinflusst und der Himmel bleibt unverändert. Wolken, Regen, Schnee, Regenbogen kommen und gehen. Der Himmel bleibt davon aber völlig unbeeindruckt und unverändert. Stellen Sie sich also vor, dass Ihr Geist wie dieser Himmel ist, durch den all diese physischen und mentalen Phänomene durchziehen, wie das Wetter, das sich dauernd verändert. So trainieren Sie sich darin, dass Ihr Geist balanciert bleibt und entspannt, ohne gleich von jedem etwas stärkeren Windhauch in Unruhe versetzt zu werden.

Absichten und Motive erkennen

Einen Großteil des Tages befinden wir uns im »Autopilot«. Das heißt, wir handeln automatisch, ohne groß über unser Tun nachzudenken. Mit dieser Achtsamkeitsübung bekommt Sie die Wahl, ob sie eine bestimmte Handlung ausführen wollen oder nicht, z. B. Ihr Kind schelten, nachts Eis essen, Ihre Kollegin anraunzen … Sie halten inne und werden sich über Ihre tatsächlichen Absichten bewusst; dabei werden Sie feststellen, dass Sie bisher häufig Ihren eigenen Wünschen zuwiderhandeln.

»Whatever we do
lays a seed in our deepest consciousness,
and one day that seed will grow«
(Sakyong Mipham)

Wenn wir uns unserer Absichten nicht bewusst sind, handeln wir ein wenig so wie Roboter. Dabei handelt es sich um die sprichwörtliche Macht der Gewohnheit. Das ist nicht unbedingt schlecht. Es macht durchaus Sinn, nicht jedes Handlungsmuster auf den Prüfstand zu stellen. Für den Alltag kann es auch in Ordnung sein, Routinen zu besitzen, die man einfach abruft. Problematisch wird es bei automatisierten Handlungen, die uns schädigen. Der Griff in den Kühlschrank wäre so ein Beispiel. Haben Sie wirklich in diesem Moment Hunger? Oder essen Sie nur aus Gewohnheit?

Setup

Zunächst praktizieren Sie die Übung am besten im Sitzen oder beim Gehen. Es gelten also dieselben Voraussetzungen, wie bei der Sitz- und Gehmeditation. Diese Übung bietet sich aber auch für den Alltag an, sie ist also auch eine gute informelle Meditation. Das heißt bei Alltagshandlungen, wie Einkaufen, Putzen, Waschen, Kochen usw. können Sie sich neben der normalen Achtsamkeit darauf fokussieren, was gerade Ihre Absicht ist, wenn Sie eine bestimmte Handlung durchführen wollen.

So läuft die Übung ab

Setzen Sie sich hin und begeben sich in die Meditationshaltung. Die Übung läuft genau so, wie Sie es aus der Sitzmeditation kennen. Der Fokus Ihrer Aufmerksamkeit liegt dieses Mal auf dem Zeitpunkt, vor einer Veränderung. Wenn Sie z. B. die Augen schließen wollen, achten Sie kurz auf den Moment, wo Sie das beabsichtigen. Wenn es Sie irgendwo juckt und Sie sich kratzen wollen, achten Sie kurz auf den Moment, in dem Sie die Absicht entwickeln, das zu tun. Wenn Sie die Position wechseln wollen, gilt dasselbe. Diese Absicht, dass Sie anders sitzen wollen, woher kam sie? War es ein Gedanke, eine Körperempfindung oder ein Gefühl, das Sie dazu veranlasst hat? Wenn Sie die Übung beenden wollen, warten Sie ausnahmsweise einmal kurz, bevor Sie aufstehen. Nehmen Sie wahr, woher der Impuls zum Aufstehen kommt. Je mehr Sie das tun, desto mehr werden Sie sich bewusst, wie die Verbindung zwischen Geist und Körper (Psychosomatik) funktioniert. Wenn Sie dann aufstehen, machen Sie es in Zeitlupe und werden sich der feinen Übergänge bewusst, bevor Sie ein entsprechendes Körperteil bewegen, wie dem eine subtile Absicht vorausgeht. Setzen Sie die Übung im Alltag fort, wenn Sie z. B. eine Tür öffnen wollen oder wenn Sie einen Tee kochen wollen. Beachten Sie immer den kleinen Moment, wo der Wunsch bzw. die Absicht entsteht, diese Handlung durchzuführen.

Worauf Sie achten sollten

In der Übung geht es darum, achtsam und aufmerksam zu sein, kurz bevor man etwas tut. Das Objekt der Aufmerksamkeit ist also der Moment unmittelbar vor einer Handlung. Wir haben bei der Atemmeditation etwas Ähnliches kennengelernt, als wir auf den Moment vor der Einatmung bzw. auf den Moment vor der Ausatmung fokussiert haben. Uns interessiert hier besonders die Wahrnehmung dieses besonderen Moments, aber auch der Absicht, mit der wir dann die darauffolgende Handlung vornehmen wollen. Werden Sie sich bewusst, ob die geplante Handlung Ihnen wahrscheinlich guttun wird, oder Ihnen eher schadet (Beispiel: Der Griff zu den Süßigkeiten oder der Griff zur Fernbedienung). Das Ganze hat viel mit dem Konzept von Ursache und Wirkung zu tun, in asiatischen Philosophien »Karma« genannt. Im Deutschen gibt es das Sprichwort: »Jeder ist seines Glückes Schmied.« Durch die Bewusstwerdung Ihrer jeweiligen Absicht und der folgenden bewussten Entscheidung, für oder gegen eine geplante Handlung, nehmen Sie mehr Einfluss auf Ihr Leben.

Was könnte schwierig sein?

Ob etwas gut oder schlecht für einen ist, ist natürlich eine Bewertung. Und auch wenn Sie auf Ihre Motive achten, werden Sie Gier, Ärger oder Unwissenheit als negativ bewerten und Großzügigkeit oder Mitgefühl als positiv. An dieser Stelle ist die Bewertung erwünscht. Denn Achtsamkeit soll ja dazu dienen, sein Leben nach den ethischen Werten auszurichten und durch achtsames Handeln sich und anderen »Gutes« zu tun. Es geht um Ursache und Wirkung. Je ethischer Ihr Verhalten ist, desto weniger Probleme bekommen Sie im Leben.

Übertreiben Sie die Übung aber nicht. Je genauer Sie Ihre Motive beobachten, desto mehr besteht die Gefahr, dass Sie die Absicht hinter der Absicht hinter der Absicht suchen und nicht mehr handeln. Also entspannt an die Sache herangehen. Wenn

Sie sich verzetteln, einfach einen Gang zurückschalten und eine einfachere Form der Übung machen.

Je mehr man die Übung macht (vor allem im Alltag), desto mehr wird man sich auch der Motivationen bewusst, die hinter einer jeweiligen Absicht stehen. Das ist einerseits gut, weil wir dann »weise« Entscheidungen treffen können. Andererseits besteht dann die Gefahr, dass wir uns selbst anklagen, weil wir z. B. bemerken, dass wir etwas aus Gier (»Süßigkeiten«), Ärger oder einer Vermeidungshaltung heraus gemacht haben. Wenn Sie diese Zusammenhänge jetzt bewusster wahrnehmen, bleiben Sie gelassen und erinnern Sie sich an die »nicht bewertende Haltung« (also nicht anklagende und nicht verurteilende Haltung) der Achtsamkeit.

Gudrun

» Der automatische Griff zu Süßigkeiten

Gudrun hat die weit verbreitete Schwäche, bei Stress und Frust zu Süßigkeiten zu greifen. Sie handelt dann automatisch und spult wie ein Roboter ein Programm ab. Seit sie die Übungen zur Absicht und Motivation macht, erwischt sie sich jetzt einige Male dabei und kann sich noch rechtzeitig stoppen. Sie erkennt bei sich eine Mischung aus Gier und Frust (Aversion). Sie macht die Übung und versucht, die Absicht, Süßigkeiten zu essen, mindestens zweimal auftauchen zu lassen und wieder vergehen zu lassen. Zwischenzeitlich beruhigt sie sich mit der Konzentration auf ihren Atem. Sie beobachtet dann, wie die Absicht sich verflüchtigt. Erst wenn die Absicht ein drittes Mal auftaucht, entscheidet sie sich entweder dafür oder dagegen. Diese Entscheidung ist dann nicht mehr automatisch. Selbst wenn Gudrun dann doch Süßigkeiten isst, sind es wesentlich weniger als früher.

Die Übung variieren

Eine Fortgeschrittenen-Übung besteht darin, die Meditation beim Gehen durchzuführen und sie mit dem Benennen der Handlung zu kombinieren. Sie nehmen sich also Zeit für eine Gehmeditation und beginnen wie immer, dann versuchen Sie die Absicht vor jedem Schritt wahrzunehmen und die Absicht vor jedem Positionswechsel. Dann benennen Sie die jeweilige Handlung innerlich. Also beispielsweise: Absicht, den Fuß anzuheben, Absicht, den Fuß vorzusetzen, Absicht, den Fuß abzusetzen und immer so weiter. Bemerken Sie den kleinen Augenblick, bevor Sie den Fuß heben wollen, dann den kleinen Augenblick vor der eigentlichen Bewegung usw. Gehen Sie so eine Weile. Wenn Sie die Richtung wechseln wollen, erfolgt vorher die Wahrnehmung dieses Impulses, Absicht, mich nach links/rechts zu drehen.

Meditation bei Ängsten

Wenn Sie Ihre übermäßige Angst loswerden wollen, wenden Sie sich ihr achtsam zu: Lassen Sie sie kommen, beobachten sie, erforschen sie, empfinden sie im Körper, gehen mit ihr spazieren und lassen sie auch wieder gehen … Das ist ein anderer Umgang mit dem Gefühl Angst, der langfristig praktiziert, die Behandlung unterstützen kann. – Ein Wundermittel ist es aber nicht!

»Von allen Sorgen, die ich mir gemacht habe, sind die meisten nicht eingetroffen.«
(Sven Hedin)

Seit einigen Jahren wird Achtsamkeit auch zur Behandlung von Stress, Ängsten und Depressionen eingesetzt. Das ersetzt natürlich keine Behandlung beim Arzt oder Psychologen. Es ist aber eine gute Ergänzung zu den anderen Behandlungsmethoden. Die Rückfallquote bei Depressionen ist z. B. geringer bei Patienten, die Achtsamkeit praktizieren. Auch Hauterkrankungen wie die Schuppenflechte haben unter Achtsamkeitsübungen weniger schwere Verläufe. Der Ansatz in der Anwendung ist allerdings anders. Anders als bei den konventionellen Behandlungen werden die Symptome nicht bekämpft, sondern mit Achtsamkeit wahrgenommen, erforscht und Ihnen wird mit einer Haltung der Akzeptanz begegnet. Ein Patient mit Schuppenflechte will natürlich gesunde Haut haben und keine kranke Haut. Auch ein Patient mit Ängsten würde natürlicherweise als Therapieziel angeben, er wolle die Ängste und Sorgen »loswerden«. In der achtsamen Auseinandersetzung mit Ängsten wird jetzt aber versucht, die Angst zu erforschen und sie auszuhalten, also so zu lassen, wie sie ist. Das ist erst einmal gewöhnungsbedürftig, weil es dem normalen Vorgehen zu widersprechen scheint. Bei den Verhaltenstherapeuten gab es schon immer Konzepte der »Desensibilisierung und Exposition«, die den Achtsamkeitskonzepten ähnlich sind. Trotzdem ist bei den konventionellen Behandlungsmethoden die Angst oder die Depression eher ein »Gegner«, der verschwinden soll, den man also als Bedrohung oder Feind empfindet.

Setup

Als Beispiel sei hier der Umgang mit Ängsten genannt. Es werden mehrere Aspekte der bereits bekannten Achtsamkeitsübungen zusammengefasst. Es gibt daher kein spezifisches Setup. Wie Sie meditieren, ist situationsabhängig. Probieren Sie die Übung zu verschiedenen Zeitpunkten aus: vor einer Angstattacke, dann während Sie Ängste verspüren und auch einmal danach, wenn die Ängste wieder abgeklungen sind.

Üben, achtsamer mit Ängsten umzugehen

Im Prinzip wenden Sie alles an, was Sie bisher schon kennengelernt haben. Sie machen es jetzt nur etwas systematischer. Es geht bei der Auseinandersetzung mit Ängsten vor allem darum, im Hier und Jetzt zu sein und zu bleiben und nicht reflexhaft zu reagieren. Um sich nicht in die Angstreaktion hineinziehen zu lassen und um sich nicht mit ihr zu identifizieren, soll also vor allem das Verweilen im gegenwärtigen Augenblick geübt werden. Eine Technik wäre z. B. die Angst zu benennen: »das ist Angst«, »so macht sich Angst bemerkbar«, »während ich einatme, spüre ich Angst« usw. Dabei immer wieder die Atmung zur Hilfe nehmen. Auch Ängste sind nicht andauernd. Sie verändern sich. Durch das Lenken der Achtsamkeit werden Sie jetzt auch Phasen ohne Angst deutlicher bemerken, die Sie vorher nicht gespürt hätten. Und Sie werden jetzt auch öfter bemerken, wie sich die Angst wieder verflüchtigt oder weniger wird.

Die Atmung ist Ihr Anker. Versuchen Sie als Nächstes, die ruhige und konzentrierte Aufmerksamkeit zu halten auf das, was sich gerade ereignet. Bleiben Sie bei der jeweiligen Angst und atmen mit der Empfindung. Versuchen Sie nicht, dagegen zu kämpfen oder die Angst zu kontrollieren. Achten Sie immer auf die Atmung und halten Sie über die Atmung die Verbundenheit mit der gegenwärtigen Situation.

Bewegen Sie sich. Versuchen Sie auch die Gehmeditation. Beim Gehen sagen Sie sich innerlich die Sätze: »Einatmend werde ich mir meiner Angst bewusst, ausatmend merke ich, wie mich die Angst begleitet« usw. Wenn Sie regelmäßig achtsame Bewegungen durchführen, wie Yoga, Tai-Chi oder die Gehmeditation, schaffen Sie eine Basis, in der Sie nicht mehr so leicht aus der Ruhe zu bringen sind. Bleiben Sie in der jeweiligen Situation mit Ihrer Aufmerksamkeit bei Ihrer Atmung und der Bewegung. Schaffen Sie im übertragenen Sinne dadurch Raum, in dem die Ängste vorbeiziehen.

Möge ich frei sein von Gefahr!
Möge ich glücklich und gesund sein!
Möge ich mit Leichtigkeit leben!
Möge ich befreit sein von meinen Ängsten!

Zweifel. Erinnern Sie sich an die Meditation über die Hindernisse. Wahrscheinlich wird z.B. Zweifel auftauchen, ob denn diese Übungen wirklich bei Ängsten helfen können. Erkennen Sie die Ungeduld und die Abneigung gegen die Angst, die weggehen soll. Bleiben Sie weiter in der Situation und bei Ihrer Atmung.

Lassen Sie die Angst, wie sie ist. Versuchen Sie dann, sich an die nicht bewertende Grundhaltung der Achtsamkeit zu erinnern. Versuchen Sie wenigstens kurz, die Angst so zu lassen, wie sie ist. Beachten Sie, ob Gedanken auftauchen, die Sie ins Grübeln bringen. Benennen Sie das: »Gedanken, Gedanken« usw. Kehren Sie zur Atmung zurück. Versuchen Sie sich nicht mit der Angst zu identifizieren. Dazu können Sie den Fokus der Aufmerksamkeit verschieben. Zoomen Sie entweder auf ein Detail der Angst, also z.B. eine einzelne Körperempfindung oder zoomen Sie auf die Umgebung (»Weitwinkel«). Nehmen Sie auch die Geräusche im Raum wahr, den Hintergrund usw. Dadurch bekommen Sie mehr Abstand. Dadurch, dass Sie Ihrer Angst nicht ausweichen, sondern sich damit konfrontieren, werden Sie sicherer und klarer im Umgang damit.

Mitgefühl mit sich selbst. Denken Sie bitte zuletzt an die Metta-Meditation (liebendes Mitgefühl): Senden Sie sich die guten Wünsche, die Sie bereits kennengelernt haben: »Möge ich frei sein von Gefahr! Möge ich glücklich und gesund sein! Möge ich mit Leichtigkeit leben! Möge ich befreit werden von meinen Ängsten!« Praktizieren Sie diese Grundhaltung der liebenden Güte sich selbst gegenüber immer wieder im Zusammenhang mit der Angst. Das wird Sie erden und entspannen.

Worauf Sie achten sollten

Mit Absicht werden hier nicht die verschiedenen Formen von Ängsten (wie Platzangst, Panikstörung, Sorgen, Phobien) unterschieden und bei einer schwereren Störung empfehle ich Ihnen auf jeden Fall eine zusätzliche Therapie. Auch kann es notwendig sein, beruflich oder im Privatleben Veränderungen vorzunehmen. Das sollten Sie dann allerdings nicht unüberlegt tun und in Absprache mit Experten. Allgemeine Regeln sollten Sie zusätzlich beachten. Schlafhygiene, gesunde Ernährung, keine Drogen, kein Alkohol usw. Treffen Sie auch eine bewusste und achtsame Auswahl der Medien, denen Sie sich täglich aussetzen (Fernsehen, Zeitung, Computer). Der unachtsame Umgang mit diesen Medien führt oft zu einer »Überreizung« und Überstimulierung.

Generell werden Sie durch die Achtsamkeitsübungen gelassener und ruhiger werden. Insofern betreiben Sie durch die regelmäßige formale Meditation auch eine Art von Prävention, selbst wenn Sie im Moment gerade keine aktuelle Angst verspüren. Bei einer akuten Angstsituation gehen Sie dann wie gerade beschrieben vor.

Wenn Sie sich in einer Therapie befinden, müssen Sie mit Ihrem Behandler besprechen, inwiefern Sie die Achtsamkeitstechniken miteinsetzen und in die Behandlung integrieren können. Bis zu einem gewissen Grad lassen sich die Techniken auch mit anderen Therapieformen kombinieren. Es spricht nichts dagegen z. B. mit positiven Affirmationen zusätzlich zu arbeiten, wenn Ihnen das bei einer Panikattacke helfen sollte. Wenn Sie während einzelner Angstepisoden Ihre Gedankengänge bewusster wahrnehmen, können Sie die dabei identifizierten Überzeugungen, die Sie über sich haben, auch durchaus in einer laufenden Therapie weiter bearbeiten.

Was könnte schwierig sein?

Ein typischer Fehlglaube ist, dass man jetzt ein Zaubermittel gegen Ängste hätte. Man müsse jetzt nur noch bei der nächsten Panikattacke mal eben ein paar Achtsamkeitstechniken einsetzen und dann wäre die Angst besiegt. Darum geht es aber nicht. Das ist ein falsches Verständnis der Übungen. Es handelt sich nicht um eine »Blitzreparatur«. Stattdessen werden Einsicht und ein weniger automatisches Reagieren auf Ängste antrainiert. Und nur durch regelmäßiges Üben stellt sich eine Veränderung ein.

Ein weiteres Paradox ist, dass wir bei der Achtsamkeit ja eigentlich kein Ziel verfolgen. Andererseits hat jemand mit Ängsten natürlich das Ziel, diese zu steuern, besser damit umzugehen und sie zu kontrollieren. Sie meditieren also und nehmen sich als Meditationsobjekt Ihre Ängste vor. Eigentlich wollen Sie nichts erreichen, sondern einfach nur mit der Aufmerksamkeit bei der Angst bleiben und sie beobachten. Als indirekten »Begleiteffekt« erreichen Sie dadurch dann genau das, was Sie eigentlich mit bewussten Anstrengungen bisher nicht bewirken konnten: Sie finden innere Ruhe und Frieden.

Tanja

» Tanja übt sich darin, sich aus tiefstem Herzen selbst Gutes zu wünschen

Tanja baut seit einiger Zeit am Ende ihrer formalen Morgenübung einige Minuten der Herzensgüte-Meditation ein. Den Fokus legt Sie dabei auf Sätze, die mit »Sicherheit« und »sich geschützt fühlen« zu tun haben. Auch tagsüber erinnert sie sich immer wieder an die Übung und die positiven Sätze, die sie sich dann innerlich vorsagt. Sie übt sich immer mehr darin, sich aus tiefstem Herzen selbst Gutes zu wünschen vor allem im Bezug auf ihre Ängste, die sie schon etwas länger beschäftigen. Sie findet für sich heraus, welche Sätze für sie am stimmigsten sind, wie z. B. »Möge ich in Frieden leben!«, »Möge ich geschützt sein von inneren und äußeren Gefahren!«, »Möge ich in Sicherheit leben!« …

Sie sagt sich diese Sätze nicht einfach nur so mechanisch auf, sondern versucht wirklich, sich von dem jeweiligen Satz durchdringen zu lassen. Auch sagt sie sich die Sätze, als ob sie einem sehr guten Freund gelten würden. Sie lässt sich Zeit für den jeweiligen Satz und spricht ihn innerlich ganz bewusst und langsam aus. Nach einigen Tagen probiert sie einen anderen Satz aus. Sie bemerkt, dass sie mit der Zeit durch die Übung immer freundlicher und warmherziger mit sich selbst umgeht. Sie kann dadurch ihre Sorgen und Ängste zum Teil abschwächen.

Ja-Übung

Eine Übung, die nicht nur auf Ängste beschränkt ist, ist die »Ja-Übung«. Sie betont das Verbundensein mit dem gegenwärtigen Moment und dem, was gerade passiert. Diesen Augenblick akzeptieren Sie, ohne darauf unbewusst und automatisch zu reagieren. Sobald Sie z. B. Schmerz oder irgendeine Abneigung oder einen Widerstand verspüren, benennen Sie das, was sich gerade ereignet, und sagen innerlich ein freundliches »Ja« zu der Erfahrung, so als ob Sie direkt zu ihr sprechen würden. Sagen Sie sich z. B. innerlich: »Ängste über meine Gesundheit, Ja!«, » Ängste und Sorgen zu meiner beruflichen Zukunft, Ja!«, »Im Stau stehen, festsitzen, ja!« oder »Ärger mit einem Kollegen, ja!« usw.

Zweck der Übung ist, sich in Akzeptanz zu schulen und sich nicht in Abneigung und automatischen Reaktionen zu verlieren. Es bedeutet nicht, sich alles gefallen zu lassen. Es heißt auch nicht, etwas zu beschönigen, oder etwas toll zu finden, was objektiv nicht richtig ist. Es wird vorausgesetzt, dass Sie auf der Realebene (unabhängig von Ihrer Meditationspraxis) weiterhin verantwortungsvoll und überlegt handeln und z. B. Probleme konstruktiv lösen, sofern Sie sie beeinflussen können. Die Meditationspraxis entbindet Sie nicht von Ihrer Lebensverantwortung. Achtsamkeit ist keine rosa Brille!

Achtsam mit anderen umgehen

Achtsamkeit ist nicht nur auf Sie beschränkt, sondern auch auf Ihre Interaktion mit Ihrem Umfeld. Die Qualität der Kommunikation verändert sich, wenn Sie achtsam sind. In der folgenden Übung trainieren Sie sich darin, nicht nur mit Ihren Ohren zuzuhören, sondern auch mit Ihrem Herzen bzw. mit Ihrem ganzen Wesen.

»The most precious gift we can offer others is our presence.«

(Thich Nhat Hanh)

Das ist nicht nur im übertragenen Sinne zu verstehen. Im normalen Alltagsstress sind wir eher unachtsam und hören unserem Gegenüber nicht wirklich zu. Meistens sind wir zu sehr beschäftigt mit unseren eigenen Gedanken, Meinungen und Ideen. Tiefes Zuhören dagegen entsteht aus innerer Ruhe. Dadurch, dass Sie z. B. Ihren Atem und Ihre Körperreaktionen achtsam beobachten, kommen Sie schnell in den Zustand von Gleichmut und Akzeptanz, den Sie schon aus der formellen Meditation kennen. Dadurch, dass Sie ohne Wertung und Verurteilung »einfach nur zuhören«, kann sich auch Ihr Gegenüber entspannen. Bieten Sie keine sofortigen Lösungen an. Seien Sie einfach nur präsent, während Ihr Gegenüber erzählt.

Setup

Das Setup ist typischerweise eine Gesprächssituation. Das kann bei der Arbeit sein oder im privaten Kontext. Idealerweise können Sie das Gespräch führen, ohne durch äußere Reize abgelenkt zu werden. Wenn möglich also an einem ruhigen Ort. Nehmen Sie sich auch bewusst die Zeit. Wenn Sie keine Zeit haben, weil Sie gerade im Stress sind, vereinbaren Sie einen späteren Termin.

Worauf Sie achten sollten

Sie befinden sich also in einer Gesprächssituation. Zuerst nehmen Sie Kontakt mit sich selbst auf. Nehmen Sie ein paar achtsame Atemzüge und achten auf Ihre Körperempfindungen. Denken Sie an die Meditation über Absichten und Motive. Werden Sie sich klar darüber, dass es jetzt Ihre Intention ist, ein achtsames Gespräch zu führen. Nehmen Sie Blickkontakt auf. Wenn Sie bei sich selbst ablenkende Gedanken oder Gefühle wahrnehmen, dann beachten Sie sie kurz ohne Bewertung und kehren wieder zur Atmung zurück und zum Gegenüber. Hören Sie genau hin, was die andere Person sagt und wie sie es sagt. Achten Sie auch auf nonverbale Signale wie Haltung, Stimmlage und Mimik. Dazu müssen Sie auch schauen. Wechseln Sie zwischen fokussiertem und weichem Blick. Nehmen Sie dadurch auch die Umgebung wahr. Versuchen Sie auch nonverbal Kontakt aufzunehmen, also nicht nur mit dem »Kopf« zuzuhören. Versuchen Sie, nicht zu bewerten, sondern einfach nur zuzuhören. Wenn das Thema kontrovers ist, beobachten Sie Ihre Reaktionen und lassen sich aber nicht dadurch ablenken. Benutzen Sie die Haltung der Achtsamkeit, einfach nur zuzuhören, ohne gleich Lösungsansätze vorzuschlagen. Wenn nötig, stellen Sie ruhig Fragen, mit einer Haltung der Neugier und des ehrlichen Interesses. Vorwürfe und Kritik vermeiden Sie und versuchen die Haltung der Akzeptanz zu üben. Wenn Sie merken, dass der Dialog schwierig wird, dann können Sie noch die Metta-Meditation (liebendes Mitgefühl) einsetzen. Wünschen Sie sich beiden etwas Gutes wie: »Mögen wir beide in Frieden und Gesundheit leben.«

Worauf Sie achten sollten

Anders als wir sonst Gespräche führen, nehmen wir erst Kontakt zu uns selbst auf, und zwar mit der bekannten wohlwollenden Grundhaltung aus der Metta-Meditation. Erst wenn wir uns in die achtsame Grundstimmung versetzt haben, nehmen wir zusätzlich den Kontakt mit dem Gesprächspartner auf. Eigentlich ist die Aufmerksamkeit ein wenig »gespalten«, das heißt, sie wechselt von uns selbst zu der anderen Person, dann wieder zu uns selbst und später beides gleichzeitig. Es hat nichts mit Egoismus zu tun, wenn man erst auf sich selbst achtet und im Verlauf immer wieder zu den eigenen Empfindungen zurückkehrt. Aufmerksamkeit auf sich selbst gerichtet mit Herzensgüte bewirkt eine positive Grundstimmung. Dieses positive Selbstwertgefühl lässt Sie auch für Ihr Gegenüber viel sympathischer wirken. Erst wenn Sie sich selbst »gut leiden« können, werden Sie im nächsten Schritt auch etwas an Ihr Umfeld weitergeben können. Durch die Übungen der Akzeptanz lernen Sie, sich zusätzlich zu akzeptieren, so wie Sie sind. Sie verurteilen sich weniger und sind weniger streng zu sich selbst. Falls Sie während des Gesprächs selbstkritische Gedanken bei sich bemerken, beobachten Sie sie einfach. Vielleicht benennen Sie sie auch kurz. Dann widmen Sie sich wieder Ihrem Gegenüber. Im weiteren Verlauf des Gesprächs können Sie auch ruhig äußern, was Ihnen für Gedanken durch den Kopf ziehen oder was Sie fühlen. Bemühen Sie sich, dabei nicht anklagend zu sein, damit sich das Gegenüber nicht zurückzieht und in Rechtfertigungen verfällt. Ähnlich wie bei den bisherigen Übungen, können Sie mit der Aufmerksamkeit von einem fokussiertem Ausschnitt (z. B. Atem) zu einer weiteren Aufmerksamkeit (der ganze Raum) wechseln und sich überraschen lassen, wie das das Gespräch verändert.

Was könnte schwierig sein?

Sinnvolle und effektive Kommunikation ist ein riesiges Thema und man könnte nur alleine darüber ein ganzes Buch schreiben. Aus dem Alltag wissen wir, wie oft man aneinander vorbeiredet, obwohl man es nicht will.

Aufmerksamkeit. Es ist schon nicht leicht, mit der Aufmerksamkeit bei sich selbst zu bleiben. Wenn Sie sich nun ganz einem anderen Menschen widmen wollen, ist es wahrscheinlich, dass Sie früher oder später irgendwie doch abgelenkt sind. Sie müssen sich also wieder sammeln und Ihre Aufmerksamkeit erneut der anderen Person zuwenden und das immer wieder.

Reizthema. Es kann Ihnen auch passieren, dass Ihr Gegenüber ein Reizthema anspricht oder eine völlig gegenteilige Meinung vertritt. Es wird dann schwierig mit der nicht beurteilenden, akzeptierenden Grundhaltung. In so einem Moment helfen entweder die positiven Metta-Wünsche oder das Wissen darum, dass letztendlich jeder Mensch eigentlich nur glücklich sein will, genauso wie Sie. Sie sitzen »im selben Boot«. Vergessen Sie das nicht. Sie müssen keineswegs mit den Ansichten der anderen Person übereinstimmen.

Keinen Lösungsvorschlag machen. Schwierig könnte es auch sein, nicht sofort einen Lösungsvorschlag zu machen, wenn das Gegenüber Probleme schildert. Oft greifen wir so ein Problem dankbar auf, um uns dann gedanklich Lösungsstrategien zu überlegen, statt der Person weiter zuzuhören. Meistens möchte das Gegenüber aber gar keinen Lösungsvorschlag von uns, insbesondere wenn es ein privates Gespräch ist, sondern einfach nur unser mitfühlendes Verständnis für die geschilderten Probleme.

Assoziationsketten. Eine weitere Schwierigkeit sind die Assoziationsketten, die ein Gespräch bei Ihnen auslöst. Natürlich laufen in Ihrem Geist ganz schnell Gedankenketten ab, in denen Sie das Gesagte mit Ihrem eigenen Erfahrungsschatz und Ihren Ansichten abgleichen. Klassisch ist es auch, wenn Sie sich überlegen, was Sie tun würden, wenn Sie an Stelle der anderen Person wären. Dadurch werden Sie dann trotzdem dazu verleitet, irgendwelche Lösungsangebote zu machen.

Wenn Sie sich nicht »zurückhalten« können, sollten Sie in den Rückmeldungen immer deutlich machen, dass die Antwort aus Ihrer Perspektive und Sichtweise erfolgt, und Sie sollten auch immer erwähnen, dass Sie sich natürlich auch irren können. Kommunikationsforscher nennen so etwas »Ich-Botschaften«. Sie sagen also, wie das Gesagte bei Ihnen angekommen ist und was Sie davon verstanden haben. Dadurch räumen Sie ein, dass Sie durchaus etwas »nicht ganz« oder »falsch« verstanden haben können. In den weiteren Rückmeldungen können Sie erzählen, was Sie sich für die andere Person wünschen, aber auch, was Ihnen selbst in diesem Zusammenhang wichtig ist (also, was Sie sich selbst für sich wünschen).

Werner

» Werner versucht, weder schlagfertig, geistreich noch besserwisserisch zu sein

Werner will die achtsame Kommunikation ausprobieren. Er fängt zunächst mit ein paar Freunden an und nicht mit schwierigen Geschäftspartnern oder anstrengenden Arbeitskollegen. Er trainiert sich darin, bewusst und aufmerksam zuzuhören. Werner bemerkt nach kurzer Zeit den Unterschied zwischen dem, was seine Freunde tatsächlich sagen, und dem, was er möchte, dass sie sagen sollten.

Es fällt Werner schwer, nicht in die Zukunft oder Vergangenheit abzudriften. Er bemüht sich, so gut es geht, präsent zu bleiben. Im Gegensatz zu früher wartet er nicht ungeduldig darauf, endlich auch etwas sagen zu können. Er unterlässt es auch, besonders schlagfertig, geistreich und besserwisserisch zu sein. Besonders schwerfällt es Werner allerdings, nicht sofort auf die Worte und erzählten Ereignisse in den Unterhaltungen zu reagieren. Wenn er dann doch antwortet, bemüht er sich, mit Mitgefühl und gesundem Menschenverstand zu sprechen. Auch versucht er in seiner Wortwahl weniger verurteilend und wertend zu sein. Anders als bei Geschäftsgesprächen versucht er auch nicht, das Gespräch umfangreich vorzubereiten und in eine bestimmte Richtung zu lenken. Die Gespräche bekommen dadurch eine mehr intuitive Qualität und »entwickeln« sich aus sich selbst heraus.

Die Übung variieren

Üben Sie mit Freunden, Familienmitgliedern und Arbeitskollegen. Wenn Sie ein Gespräch führen, richten Sie in nächster Zeit Ihre Aufmerksamkeit immer im Wechsel auf die folgenden drei Objekte:

- Ihre eigenen Körperempfindungen, Gedanken und Gefühle.
- Das, was das Gegenüber sagt; aber nicht nur die Worte, sondern auch die Körpersprache und Gesichtsausdrücke, also die nonverbale Kommunikation.
- Ihr Gefühl von Verbundenheit oder Distanz zu dem Gesprächspartner.

Wechseln Sie zwischen den einzelnen Objekten hin und her, so, wie es passt und stimmig ist. Gehen Sie nacheinander durch die drei Schritte. Versuchen Sie auch mehrere Objekte gleichzeitig wahrzunehmen, sofern das gelingt. Immer wenn Sie mit der Aufmerksamkeit abschweifen, kehren Sie zurück oder benutzen Sie Ihren Atem als Aufmerksamkeitsanker.

Achtsam und stressfrei leben

Wenn Sie den Eindruck haben, dass Achtsamkeit Ihr Leben bereichern kann, sollten Sie regelmäßig meditieren und auch täglich informelle Alltagsübungen einbauen. Auf den folgenden Seiten finden Sie Anregungen für eine dauerhafte, persönliche Achtsamkeitspraxis.

Meditation im Alltag (informelle Übungen)

Alltägliche Handlungen achtsam durchzuführen, ist genauso wichtig wie das »echte Meditieren«. Sie übertragen damit Ihre Achtsamkeitskenntnisse in den Alltag, unterbrechen Routinen, steuern Ihre Aufmerksamkeit, erhöhen die Konzentration und üben sich darin, in der Gegenwart präsent zu sein. Sie werden staunen, wie entspannend und erholsam diese kleinen Momente der Achtsamkeit sind.

»Your daily life is your temple
and your religion.
When you enter into it
take with you your all.«

(Kahlil Gibran)

Meditation kann nicht nur formal oder formell sein, sondern auch »nicht formal« oder informell. Die Meditation ist nämlich nicht nur auf das formelle Sitzen oder die formelle Meditationssitzung am Morgen und am Abend beschränkt. Auch bei Alltagshandlungen können Sie Achtsamkeit praktizieren.

Also z. B. beim Zähneputzen, Abwaschen, Staubsaugen, Teekochen, beim Autofahren, beim Weg zur Arbeit, bei der Arbeit selbst, in der Freizeit, beim Sport usw. Es ist sogar erwünscht, dass Sie nach und nach Ihre Erfahrungen aus den formalen Sitzungen in den Alltag übertragen. Achtsamkeit sollte nicht nur auf die relativ kurze Zeit beschränkt sein, wo Sie auf dem Meditationskissen sitzen oder Ihre Yogaübung machen.

Setup

Ein bestimmtes Setup gibt es bei dieser Übung nicht, weil es situationsabhängig ist. Ihr jeweiliges Setup ist die jeweilige Alltagshandlung. Das folgende Beispiel bezieht sich auf das Abspülen einer Kaffeetasse (eine Teetasse geht natürlich auch). Stellen Sie die Tasse also nicht in die Spülmaschine, sondern waschen Sie sie per Hand ab.

Eine Tasse achtsam spülen

Nehmen Sie die Tasse in die Hand. Beobachten Sie sie genau. Welches Muster hat der Kaffee hinterlassen? Ist die Tasse schmutzig? Welche Farbe hat sie? Sehen Sie achtsam und neugierig hin. Vielleicht riechen Sie auch einmal an der Tasse. Danach richten Sie die Aufmerksamkeit auf den Körper. Welche Empfindungen spüren Sie? Irgendwelche Gefühle? Ist die Situation angenehm und interessant, sind Sie genervt oder ist es Ihnen eigentlich egal?

Gehen Ihnen Gedanken durch den Kopf? Zum Beispiel: »Hoffentlich ist die Übung bald vorbei«, oder »das ist ja total cool«. Nehmen Sie das einfach nur zur Kenntnis.

Als Nächstes folgt die Wahrnehmung der Absicht, die Tasse zu waschen. Dann folgt der eigentliche Waschvorgang. Auch hier gibt es wieder viel zu entdecken. Das Spülmittel wirft Blasen, die Tasse wird sauber. Die Kaffee- oder Teereste aus der Tasse bilden Schlieren im Waschwasser, die sich langsam auflösen. Sie können das Wasser auf der Haut spüren. Vielleicht ist es zu warm oder zu kalt. Dann spülen Sie die Tasse noch nach und trocknen sie ab. Auch dabei gibt es wieder einiges zu sehen und zu spüren, wie z. B. das Handtuch. Machen Sie alles ruhig einmal in Zeitlupe und stellen die saubere Tasse dann vor sich hin. Reinigen Sie die Tasse, wie ein Kind, das zum ersten Mal abwäscht. Eine Anleitung zu dieser informellen Übung finden Sie auch auf der CD.

Worauf Sie achten sollten

Jegliche Alltagsaktivität kann zur Meditation werden. Die Schritte sind immer dieselben. Achten Sie auf die Sinneswahrnehmung bei der Aktivität (also sehen, hören, tasten usw.), auf Ihre Körperhaltung und Körpersignale sowie auf Ihre Gefühle und Ihre Gedanken dabei. Die Konzentration auf die Atmung bringt Sie immer wieder ins Hier und Jetzt zurück. Bevor Sie innerhalb einer Tätigkeit die Aufmerksamkeit wechseln, achten Sie möglichst auf die Absicht und den Moment des Übergangs.

Was könnte schwierig sein?

Die Schwierigkeiten sind dieselben, wie bei den Meditationsübungen, die Sie bisher eher formell durchgeführt haben. Das heißt, Sie könnten abgelenkt sein, Schmerzen haben, gelangweilt sein, vergessen, dass Sie die Übung machen wollten usw. Am ungewohntesten wird es zunächst sicher sein, die Übungen »alltagstauglich« einzusetzen. Das erfordert ein Umdenken. Im Büro können Sie schlecht Ihren Kollegen sagen: »Ich meditiere jetzt mal eine Runde«. Sie würden dann vielleicht auf Unverständnis stoßen. Aber Sie können so etwas wie »Minimeditationen« durchführen (z. B. Atemraum, S. 90). Wenn es Ihnen peinlich ist, solche Übungen in der Öffentlichkeit zu machen, bedenken Sie, wie profan und alltäglich unsere normalen Handlungen sind und dass man praktisch aus jeder Handlung eine kleine Meditation machen kann. Natürlich haben Sie jetzt keine Räucherkerzen und keinen Gong dabei, geschweige denn eine Yoga-Matte. Aber beim Gang, um eine Akte zu holen, können Sie z. B. die Gehmeditation praktizieren (wenn auch schneller und angepasst an die Umstände). Wenn Sie zwischendurch einmal aus dem Fenster blicken, ist das eine Gelegenheit, um die Sinneswahrnehmung durchzugehen. Zwischendurch immer man wieder ein kleiner »Bodyscan« ist auch immer drin. Das würden die Kollegen noch nicht einmal merken. In der Kantine könnten Sie achtsam essen (natürlich wieder angepasst an die Umgebung, also etwas schneller). Was immer geht, ist eine kleine Metta-Meditation auf sich selbst oder einen Kollegen, der vielleicht gerade gestresst ist. Auch die Fahrt zur Arbeit und von der Arbeit bietet Gelegenheit, achtsam zu sein, und schließlich noch der Einkauf am Ende des Tages mit dem achtsamen Stehen in der Schlange an der Kasse.

Tim

» Führen Sie täglich einige Alltagshandlungen achtsam aus

Tim wählt sich drei banale Alltagsaktivitäten aus, um sich immer wieder daran zu erinnern, achtsam zu sein. Er wählt: das Licht im Bad an- und ausmachen, rasieren und Zähne putzen. Eine Woche lang bemüht er sich, immer vor der jeweiligen Handlung kurz zu pausieren. Dann fokussiert er seine Aufmerksamkeit auf die jeweilige Handlung, so als ob er sie auf einen Atemzug oder einen Schritt bei der formalen Meditation richten würde. Am Ende der Woche fügt er eine weitere Aktivität hinzu: das Öffnen und Schließen der Haustür. Nach einer weiteren Woche wird dann wieder eine Aktivität durch eine andere ersetzt, sodass Tim immer vier Alltagsaktivitäten pro Woche achtsam durchführt. So bringt er mit einem minimalen Aufwand mehr Achtsamkeit in seinen Alltag.

Achtsam Auto fahren

Autofahren ist eine schöne Alltagshandlung zum Üben. Anstatt automatisch und unbewusst mit dem Auto zu fahren, machen Sie es einmal anders (möglichst nicht, wenn Sie es eilig haben und zu einem Termin müssen). Bevor Sie achtsam Auto fahren, werden Sie sich über Ihre Absicht dazu klar. Planen Sie ruhig zusätzliche Zeit ein. Dann müssen Sie sich nicht unter Druck setzen, weil Sie irgendwel-

Kleine Veränderungen wahrnehmen,
ein Schneckenhaus bemerken,
achtsam seiner Wege gehen –
von Autopilot auf Zeitlupe schalten.

che Termine einhalten müssen. Wenn Sie sich ins Auto gesetzt haben, nehmen Sie erst ein paar bewusste Atemzüge, ohne gleich loszufahren. Spüren Sie in Ihren Körper hinein und stecken dann langsam den Zündschlüssel ins Schloss. Starten Sie dann das Auto und fahren los. Lassen Sie das Radio aus, um sich nicht abzulenken. Achten Sie stattdessen genau auf die anderen Fahrzeuge und Fußgänger. Fahren Sie langsam und gemütlich, ohne zu hetzen. Sie müssen die nächste Ampel nicht mehr »kriegen«. Spüren Sie ab und zu in den Körper hinein. Hören Sie auch auf die Umgebungsgeräusche und die Geräusche, die der Motor macht. Wenn das Fenster auf ist, welche Geräusche macht dann der Fahrtwind? Denken Sie an die Mitgefühlsübung, wünschen Sie sich und allen anderen Verkehrsteilnehmern, dass sie sicher und gesund ihre Ziele erreichen. Wenn Sie in einen Stau kommen oder vor einer roten Ampel stehen, praktizieren Sie die Atemmeditation oder blicken achtsam nach draußen. Wenn Sie sich doch ärgern, weil es nicht weitergeht, beobachten Sie den Ärger und wenden die Prinzipien aus den bisherigen Übungen an.

Eine persönliche Achtsamkeits-routine entwickeln

Wenn Sie alle 15 formellen Meditationsübungen – im Wochenrhythmus – kennengelernt haben und mit diesen vertraut sind und auch schon einige informelle Alltagsmeditationen durchgeführt haben, ist es an der Zeit, nun ein persönliches Achtsamkeits-Programm zu entwickeln. Dies soll es Ihnen erleichtert, regelmäßig zu meditieren und sich im Alltag immer wieder kleine »Inseln der Achtsamkeit« zu schaffen. Ich mache Ihnen dazu einige Vorschläge.

Sie haben natürlich den ganzen Tag über immer wieder die Gelegenheit zu informellen Übungen. Es macht aber Sinn, sich zwei oder drei davon herauszusuchen, um eine gewisse Regelmäßigkeit hineinzubringen. Sie können z. B. Tätigkeiten morgens im Bad nehmen, die Fahrt zur Arbeit oder das Mittagessen usw.

Wenn Sie bei der formellen Praxis nur etwa 20 Minuten aufwenden wollen, ist es besser, bei ein und derselben Übung zu bleiben, um besser »reinzukommen und dranzubleiben«. Bei 45 Minuten sieht es schon anders aus. Hier können Sie die ganze Sitzung bei einer Übung bleiben oder aber die Zeit auf verschiedene Übungen verteilen. Also z. B. 30 Minuten sitzen, dann 15 Minuten Metta oder Gehmeditation.

Passen Sie die Übungen an Ihre jeweiligen Bedürfnisse und die Tagesform an. Wenn Sie müde sind, ist die Gehmeditation geeigneter. Bei Stress mit anderen Personen ist vielleicht eher die Mitgefühlsübung angezeigt. Bei Überdrehtheit und Aufgekratztheit ist eine reine Sitzmeditation vielleicht genau richtig, um zur Ruhe zu kommen. Nach langem Sitzen ist es wiederum besser, etwas zu gehen usw. Mit der Zeit werden Sie ein Gefühl dafür entwickeln, was gerade am besten passt. Sie wissen bereits: Das Wichtigste ist, dass Sie regelmäßig meditieren, um welche der 15 Übungen es sich handelt, ist in diesem Zusammenhang eher zweitrangig. Wenn in Ihrem Plan also Sitzmeditation steht, Sie aber spüren, dass Ihnen eine Gehmeditation im Park viel bessert täte, dann machen Sie das auch.

Die Übungen unterstützen und verstärken sich gegenseitig. Die informellen Übungen verstärken die Konzentration und halten uns mehr in der Gegenwart. Dadurch wird die formelle Praxis wieder einfacher. Durch die regelmäßige formelle Praxis denken wir tagsüber öfter daran, achtsam zu sein usw.

Ihnen stehen im Prinzip alle formellen und informellen Übungen zur Verfügung, die Sie bisher im Buch kennengelernt haben. Zusätzlich können Sie Körpermeditationen wie Yoga und den Bodyscan einflechten. Wer so etwas gelernt hat, darf natürlich die Körpermeditation selbst durch Tai-Chi oder Chi-Gong ersetzen (Hauptsache, die Übungen werden mit der bekannten achtsamen Grundhaltung durchgeführt).

Exemplarische Wochenpläne

Ich stelle Ihnen nun exemplarisch einen Plan für 6 Wochen vor, mit 3 unterschiedlichen Optionen:

- wenig Zeit: 25–30 Minuten pro Tag für die formelle Übung
- viel Zeit: 45–60 Minuten pro Tag für eine formelle Übung
- viel Zeit: 45–60 Minuten pro Tag, die gesplittet für mehrere formelle Übungen verwendet werden

Im Plan gibt es neben den formellen Übungen auch immer informelle Übungen, sodass Sie immer eine lange (oder mehrere kurze) formelle Übungen durch eine Alltagsaktivität ergänzen. Dieses Programm soll nur eine Orientierungshilfe sein. Sie können Ihren persönlichen Plan natürlich so gestalten, dass er ideal zu Ihren Bedürfnissen und Ihren sonstigen Terminplänen und Alltagsverpflichtungen passt.

Exemplarischer Wochenplan zur Entwicklung der persönlichen Achtsamkeits-Routine.

Woche	Art der Übung	wenig Zeit: 25–30 Minuten	viel Zeit: 45–60 Minuten, nicht gesplittet	viel Zeit: 45–60 Minuten, gesplittet
1	formell	Atemmeditation im Sitzen	Atemmeditation im Sitzen	30 Minuten Atemmeditation im Sitzen 15 Minuten Gehmeditation
	informell	Zähne putzen	Zähne putzen duschen oder baden	Zähne putzen duschen oder baden
2	formell	Bodyscan	Bodyscan	30 Minuten Atemmeditation im Sitzen 2x 15 Minuten Gehmeditation
	informell	abwaschen	abwaschen rasieren oder Haare kämmen	abwaschen rasieren oder Haare kämmen

Woche	Art der Übung	wenig Zeit: 25–30 Minuten	viel Zeit: 45–60 Minuten, nicht gesplittet	viel Zeit: 45–60 Minuten, gesplittet
3	formell	Gehmeditation	Yoga	30 Minuten Bodyscan 15 Minuten Gehmeditation
	informell	Weg zur Arbeit	Weg zur Arbeit Weg von der Arbeit nach Hause	Weg zur Arbeit Weg von der Arbeit nach Hause
4	formell	Metta (Herzensgüte)	Yoga	30 Minuten Atemmeditation im Sitzen 15 Minuten Metta (Herzensgüte)
	informell	achtsam Essen	achtsam Essen Geschirr spülen oder etwas reparieren	achtsam Essen Geschirr spülen oder etwas reparieren
5	formell	offenes Gewahrsein	offenes Gewahrsein	30 Minuten Atemmeditation im Sitzen 15 Minuten Gehmeditation 15 Minuten Metta (Herzensgüte)
	informell	achtsam zuhören	achtsam zuhören Schreibtisch aufräumen	achtsam zuhören Schreibtisch aufräumen
6	formell	Mo, Mi, Fr: Meditation über die Sinne Di, Do, Sa: Meditation über Gefühle	Gehmeditation in Form eines Spaziergangs	30 Minuten Atemmeditation im Sitzen 15 Minuten Metta (Herzensgüte) 15 Minuten Gehmeditation
	informell	etwas putzen	etwas putzen Obst schälen	etwas putzen Obst schälen

Achtsamkeitspraxis ohne starre Pläne

Es ist natürlich nicht zwingend erforderlich, sich Wochenpläne zu erstellen, obwohl ich finde, dass das eine gute Stütze ist. Falls Sie lieber ohne Pläne üben wollen, gebe ich Ihnen hier noch einige allgemeine Richtlinien dazu:

Üben Sie in den ersten zwei oder drei Wochen bevorzugt die Atemmeditation im Sitzen, den Bodyscan, den Sonnengruß und die Gehmeditation, also die ersten vier Grundübungen. Wenn Sie schon Erfahrung mit Yoga haben, können Sie auch Ihre gewohnten Yoga-Übungen in achtsamer Weise anstelle des Sonnengrußes und der Gehmeditation üben. (Yoga und Gehmeditation gelten übrigens beide als »Körperbewegungs-Übungen«.) Sie sollten die Gehmeditation aber nicht völlig ausklammern, sondern ebenfalls immer wieder einbauen. Denn die formelle Gehmeditation soll Sie ja tagsüber an das informelle Gehen erinnern.

Fügen Sie an jedem Tag mindestens eine informelle Übung (Alltagshandlung) hinzu! Also z. B. duschen, Haare waschen, rasieren, kämmen, das Treppenhaus rauf- oder runtergehen, zur Arbeit gehen oder fahren usw.

In der vierten und fünften Woche können Sie dann offenes Gewahrsein und Herzensgüte (Metta) praktizieren. Allgemein gilt, dass Sie an jedem Tag eine Sitzmeditation und möglichst eine körperfokussierte Meditation durchführen sollten. Die Sitzmeditationen beinhalten zunächst vor allem die Atembeobachtung, später auch das offene Gewahrsein und die Herzensgüte. Die körperfokussierten Meditationen beinhalten vor allem den Bodyscan, die Gehmeditation und Yoga (wobei Yoga in diesem Buch nur orientierend angerissen wird und extern vertieft werden sollte).

Idealerweise schaffen Sie es, pro Tag ca. 20–30 Minuten im Sitzen zu meditieren und in einer zweiten Einheit 20–30 Minuten eine Körpermeditation durchzuführen. Die meisten splitten die beiden Einheiten und verteilen Sie auf den Tag.

Ab der sechsten Woche können Sie dann noch die anderen Übungen aus dem Buch hinzunehmen. Sie können auch noch einmal alle Übungen chronologisch wiederholen, um für sich herauszufinden, zu welchen Übungen Sie eine stärkere Resonanz verspüren. Vielleicht lassen Sie Übungen weg, die Ihnen nicht so sehr zusagen, oder vielleicht interessieren Sie ja gerade diese Übungen als Herausforderung, weil sie Ihnen etwas schwieriger erscheinen. Egal für welche Variante Sie sich entscheiden, bleiben Sie jeweils mehrere Male bei einer bestimmten Übung. Denn diese benötigen Zeit, um ihre Wirkung zu entfalten.

Ein gutes Achtsamkeits-Programm beinhaltet dieselbe Sitzmeditation täglich (wenigstens 5 Tage bis höchstens 7 Tage in der Woche) mindestens 2–4 Wochen. Dasselbe gilt für die Körperübungen. Mit der Zeit wird Ihr Gespür für die Übungen wachsen und Sie werden intuitiv wissen, welche Übung gerade am besten passend ist. Einige Meditierende machen keine Pause, andere setzen z. B. am Wochenende oder in den Ferien ganz aus. Man kann auch während der Woche nur die »nötigsten« Übungen machen und dafür am Wochenende mehr meditieren, weil man dann mehr Zeit hat. In den Ferien kann man auch auf einen Lehrgang fahren und die Achtsamkeitspraxis vertiefen. Wichtig ist vor allem die erwähnte Regelmäßigkeit. Lieber mehrere kurze Übungseinheiten, als große Pausen und dann übertriebene Meditationssitzungen.

Umgang mit eigenem Widerstand

Eine neue Gewohnheit einzuschleifen, weckt schon allein dadurch Widerstand, dass sie ungewohnt ist. Wie jedes Training einer neuen Fertigkeit benötigen Sie Disziplin und Ausdauer dafür. Ihre Erwartungen werden vielleicht auch schnell enttäuscht. Vielleicht hatten Sie damit gerechnet, dass Ihr Geist nicht mehr denken würde, dass Sie von unangenehmen Gefühlen und Schmerzen befreit würden oder »mal eben« in einen Erleuchtungszustand eintauchen würden.

Stattdessen merken Sie nun so langsam, dass in der Achtsamkeit der gegenwärtige Moment so angenommen werden soll, wie er ist (obwohl er Ihnen vielleicht gerade nicht gefällt). Dadurch, dass Sie sich in den Übungen sehr viel mehr mit sich selbst auseinandersetzen, können Sie Probleme nicht mehr einfach verdrängen und vielleicht lernen Sie auch einige Schattenseiten und »Schwächen« bei sich kennen. Dadurch, dass Sie Ihre Selbstwahrnehmung schärfen, werden z. B. auch Ängste, Schmerzen oder Traurigkeit bewusster als vorher. Es kann dann helfen, nicht zu streng mit sich umzugehen, sondern eine feste und entschlossene Haltung, wie Eltern, oder eine bestärkende Haltung von guten Freunden einzunehmen und sich nicht zu schnell entmutigen zu lassen. Denken Sie auch immer an die Meditation über die Hindernisse, werden Sie sich einfach bewusst, dass Sie im Moment gerade Widerstand empfinden, und versuchen Sie, die bisher erwähnten Techniken darauf anzuwenden.

Sara

» Sara meditiert auch mit Gleichgesinnten in einer Yogaschule

Sara hat sich zunächst der Unterstützung ihrer Familie versichert. Es interessiert sich außer ihr niemand für Achtsamkeit, aber die Angehörigen respektieren es, wenn sie sich zweimal am Tag für eine kurze Meditation zurückzieht. In dieser Zeit sind Saras Mann und ihre Kinder möglichst leise und sorgen dafür, dass sie nicht gestört wird.
Langsam aber sicher entwickelt Sara ihre eigene Meditations-Routine. Sie macht regelmäßig die Grundübungen und versucht, ab und zu ein paar Fortgeschrittenen-Übungen hinzuzufügen. So entwickelt sie ein Gespür dafür, welche Übungen ihr gerade guttun und welche nicht. Zwischendurch »schwächelt« sie auch mit der Disziplin und lässt auch mal einen Tag die Übungen ausfallen. Sie nennt das dann »Mogeltage«. Das ist aber in Ordnung für sie.
Zusätzlich besucht Sara einmal im Monat einen Meditationsabend in der örtlichen Yogaschule. Dort meditiert sie mit Gleichgesinnten. Das hebt die Moral und hilft ihr besonders in Zeiten, wo sie keine Lust auf Meditation hat, um am Ball zu bleiben. In der Gruppe ist die Meditation auch intensiver, und Sara hat einige nette neue Leute kennengelernt, die ihr auch schon wichtige Tipps gegeben haben.

Kleine Erinnerungshilfen im Alltag

Eine weitere Hilfe für die informelle Praxis ist es, sich selbst immer wieder über den Tag mit kleinen Notizzetteln daran zu erinnern, präsent und achtsam zu sein. Diese kleinen selbstklebenden Zettel (»Post-it«) kann man mit Stichworten beschriften, wie »erinnern«, »atmen«, »Mitgefühl« usw. Man platziert sie dann an Orten, an denen man während der Alltagsroutine häufig vorbeikommt. Beispiele sind das Badezimmer, das Telefon, der Kühlschrank, die Instrumententafel im Auto oder der Computermonitor bei der Arbeit. Wenn Sie den Zettel sehen, dann erinnern Sie sich an Ihren Atem und machen einen kurzen Bodyscan, um wieder im gegenwärtigen Augenblick anzukommen.

Als Erinnerungshilfen und »Eselsbrücken« können auch kleine Bildchen oder Postkarten mit meditativen Motiven dienen oder eine schöner Gegenstand, der für Sie für Meditation und Achtsamkeit steht.

Ein ganzer Tag in Achtsamkeit

Wenn Sie die vorgestellten Meditationen alle kennen und sowohl formell ein- bis zweimal am Tag üben (z. B. morgens und abends) und auch informell im Verlauf des Tages bei einigen Alltagshandlungen Achtsamkeit einfließen lassen, kann irgendwann der Wunsch aufkommen, doch auch einmal noch intensiver zu praktizieren, also über mehrere Stunden oder auf z. B. auf einem Wochenend-Lehrgang.

Es gibt verschiedene Möglichkeiten und Programme, um einen ganzen Tag in Achtsamkeit zu verbringen. Sie können sowohl in einer Gruppe auf einem Lehrgang (auch »Retreat« genannt) oder allein so einen Tag verbringen. Es gibt auch die Möglichkeit zu einem »Mini-Retreat«, also einige Stunden z. B. am Wochenende den Übungen zu widmen. Es muss ja nicht gleich ein ganzer Tag sein.

Setup

Im Folgenden wird der Achtsamkeitstag aus dem MBSR-Programm beschrieben. Es ist nur ein Vorschlag. Sie können das Programm natürlich abwandeln. Zwei der erwähnten Übungen wurden nicht in diesem Buch beschrieben, und zwar das »ungeordnete Gehen« und die »Bergübung«. Lesen Sie diese bitte bei Bedarf im Buch von Kabat-Zinn *Gesund durch Meditation* nach. Das Originalprogramm gibt Ihnen aber eine Richtschnur zur Orientierung. Die reine Meditationszeit beträgt dabei ca. sechs Stunden. Mit entsprechenden Pausen zwischendurch, z. B. dem Mittagessen, dauert der Achtsamkeitstag entsprechend länger, z. B. von 9–16 Uhr. Idealerweise führen Sie den Tag zusammen mit Freunden durch, die auch an Achtsamkeit interessiert sind, oder in einer Meditationsgruppe.

Zu den Regeln eines Achtsamkeitstages gehört es, während des Übungsprogramms zu schweigen. Das tut man, um sich nicht abzulenken und um mit der Aufmerksamkeit ganz bei sich zu bleiben. Auch in den Pausen wird nicht geredet, außer in Notfällen oder um etwas Organisatorisches zu klären. Handys werden ausgeschaltet. Am Ende des Tages wird das Sprechverbot aufgehoben, und man kann die Erfahrungen reflektieren und austauschen. Bemühen Sie sich dabei aber, die Erfahrung nicht zu »zerreden« und zu intellektualisieren. Die Übungsleiter dürfen natürlich sprechen, um z. B. die Übungen anzuleiten und Erklärungen abzugeben.

Natürlich müssen Sie sich vorher den Tag »freigeschaufelt« haben. Das heißt, keine wichtigen Termine oder dringende Projekte mehr im Anschluss und möglichst auch keine sonstigen Alltagsverpflichtungen, um den Tag in Ruhe ausklingen zu lassen. Informieren Sie Ihre Familie, dass Sie nicht gestört werden dürfen.

Wenn Sie nicht auf einen Lehrgang fahren, müssen Sie vorher das »Organisatorische« geklärt haben, also z. B. die Raumfrage, dafür einkaufen, Zeitplanung, wo Sie die Gehmeditation machen werden, was, wenn es regnet, genügend Matten und Sitzgelegenheiten ...

Vorschlag für den Tagesablauf

- Start 9 Uhr
- bei mehreren Teilnehmern: Fragen klären, etwas »Theorie« und Vorbesprechung
- Beginn des Schweigens
- Yoga-Stunde
- Pause
- 30 Min. Sitzmeditation
- 10 Min. Gehmeditation
- 20 Min. Sitzmeditation
- Rosinenübung
- achtsames Mittagessen und Pause bis ca. 13 Uhr
- 30 Minuten Gehmeditation
- Metta-Meditation (Herzensgüte)
- Pause
- 20 Min. Sitzmeditation
- 10 Min. Gehmeditation
- ungeordnetes Gehen (Variation der Gehmeditation)
- Pause
- 20 Min. Bergmeditation
- Aufhebung des Schweigens: Austausch, Anmerkungen, Kommentare.
- 15 Min. Sitzmeditation zum Abschluss
- Ende gegen 16 Uhr

Was Sie beachten sollten

Wenn Ihnen ein ganzer Tag zu viel ist oder Sie z. B. wegen familiären Verpflichtungen nicht so viel Zeit haben, können Sie auch ein »Mini-Retreat« planen, also z. B. nur den Vormittag oder nur den Nachmittag.

Ein typisches Mini-Retreat umfasst die Atemmeditation für 20–45 Minuten, gefolgt von der Gehmeditation für 15–30 Minuten, wieder gefolgt von der Sitzmeditation. Die Metta-Meditation können Sie irgendwo dazwischen platzieren, wo es passt. Wenn Sie zwischendurch essen wollen, ist das eine gute Gelegenheit, das bewusste Essen zu üben, wie Sie es von der Rosinenübung kennen. Auch in den Phasen zwischen den einzelnen Übungen versuchen Sie, die Aufmerksamkeit bei den kleinen Alltagshandlungen zu halten. Mit Pausen würde das eben beschriebene Mini-Retreat durchschnittlich 3 Stunden dauern. Denken Sie daran, Zeit hat man immer und Zeit hat man nie!

Was könnte schwierig sein?

Die Schwierigkeiten sind dieselben, die auch bisher auftreten konnten, also Abgelenktsein, die fünf Hindernisse usw. Insofern unterscheiden sich die Schwierigkeiten an einem Achtsamkeitstag nicht groß von den Schwierigkeiten bei einer kurzen formellen oder informellen Meditation. Das Problem bei einem ganzen Tag ist natürlich der lange Zeitraum. Deswegen könnten Sie »Durchhalteprobleme« bekommen. Sie sollten die Übungen auch schon kennen und damit vertraut sein. Ein ganzer Tag in Meditation kann als anstrengend erlebt werden. Bei organisierten Retreats informieren Sie sich vorher über die geplanten Meditationszeiten und die Stundenpläne. Wenn der Lehrgang um 4 Uhr morgens anfängt und die Meditationseinheiten z. B. zwei Stunden am Stück umfassen, handelt es sich wahrscheinlich um »Hardcore-Meditierer«. Ohne ausreichende Erfahrung würde Sie so ein Tag eher überfordern. Also langsam daran gewöhnen! Ungewohnt ist auch das Schweigen. Gerne verfällt man (vor allem in den Pausen) in alte Gewohnheiten und man möchte gerne »schwatzen«. Auch das ist gewöhnungsbedürftig. Manche Menschen sind froh, endlich einmal nicht sprechen zu müssen. Andere finden das schwierig. Lassen Sie sich nicht entmutigen. Eine allgemeine Erfahrung an solchen Tagen ist, dass die Zeit subjektiv sehr schnell vergeht.

Lara

» Statt Fernsehen und Frustkäufen öfter meditieren und achtsam gehen

Lara war ein ganzer Tag mit Meditationsübungen zu viel. Sie fing aber immerhin erst einmal an, jeden Tag wenigstens 45 Minuten die Sitzmeditation zu machen. Wenn Sie nicht ruhig sitzen konnte, machte Sie zunächst 15 Minuten die Gehmeditation und setzte sich dann wieder hin. Als informelle Übung nahm sie das Duschen am Morgen und die Fahrt zur Arbeit. Wenn sie mit ihrem Hund spazieren ging, machte sie eine »schnellere« Variante der Gehmeditation. Als Begleiteffekt nahm sie z. B. das Wetter und ihre Umgebung jetzt viel intensiver wahr. Überhaupt verbrachte Lara jetzt weniger Zeit mit Aktivitäten, wie Fernsehen, »Junk-Food-Essen«, Frustkäufen und stundenlangem im Internet surfen. Je mehr sie die Achtsamkeitsübungen in ihren Alltag und die Wochenenden einfügte, desto mehr fand sie wieder zu ihrer eigenen Mitte.

Ein achtsamer Tag nur für Sie

Im Folgenden ist ein Achtsamkeitstag beschrieben, den Sie sich selbst zu Hause schenken können. Es wird ein Tag im »Nichtstun«. Sie haben vorher Ihre Familie und Freunde informiert. Den ganzen Tag über üben Sie sich in Achtsamkeit. Ablenkungen wie Fernsehen, Computer, Telefon, Radio und Zeitungen werden an diesem Tag bewusst weggelassen. Den Abend, bevor Sie schlafen gehen, machen Sie die Atemmeditation in dem Bewusstsein, dass der ganze nächste Tag »nur Ihnen«

gehört. Stellen Sie keinen Wecker! Wachen Sie von selbst auf. Eröffnen Sie den Tag mit bewussten Atemzügen und einer kurzen Atemmeditation. Wenn Sie aufgestanden sind, blicken Sie aus dem Fenster und versuchen, alles achtsam zu sehen. Wenn Sie mögen, können Sie dann einen kurzen Bodyscan anschließen. Gehen Sie dann ins Bad. Nehmen Sie eine Dusche. Es ist Ihre Zeit. Genießen Sie die Dusche. Achten Sie auf Ihre Körperempfindungen beim Duschen. Nehmen Sie sich dann Zeit zum achtsamen Frühstücken. Bei der Vorbereitung des Essens seien Sie achtsam. Dann beim Essen. Erinnern Sie sich an die Rosinenübung. Essen und trinken Sie langsam und bewusst. Im Anschluss können Sie wählen zwischen einer Gehmeditation (Spaziergang), etwas achtsamem Yoga oder Arbeit im Garten.

Vermeiden Sie es, eine Zeitung zu lesen, um den »Denkapparat« nicht einzuschalten, sondern bei Ihrer achtsamen Sinneswahrnehmung zu verbleiben. Es folgt die Mittagszeit. Für die Vorbereitung und das Essen gelten dieselben Regeln, wie für das Frühstück. Dann ist es Zeit für ein Mittagsschläfchen oder ein Hobby. Irgendetwas, was Sie gerne machen, aber für das Sie sonst wenig Zeit haben. Betreiben Sie das Hobby aber bewusst und achtsam (nicht »verkrampft«). Natürlich können Sie auch eine formale Meditationsübung machen, also Sitzen oder Gehen. Da Sie sich selbst sonst nicht so viel Zeit einräumen, werden Sie zwischendurch vielleicht ein schlechtes Gewissen bekommen. Keine Sorge. Sie haben es sich verdient! Seien Sie freundlich zu sich. Geben Sie sich ein bisschen Metta und kehren Sie zwischendurch auch immer wieder zur achtsamen Atmung zurück. Wenn Sie nicht widerstehen können und unbedingt etwas im Haushalt machen wollen, wie z. B. aufräumen oder sauber machen, dann dürfen Sie das, solange Sie es achtsam machen und eins nach dem anderen. Kein Multitasking also! Der hektische Alltag kommt noch früh genug wieder auf Sie zurück. Erlauben Sie dem Tag so, sich von selbst zu entfalten. Am Abend schließen Sie den Tag dann mit einem leichten Abendessen ab. Sie gehen dann langsam ins Bett und schlafen achtsam ein. Sie haben einen ganzen Tag lang »nichts« getan und das ist gut so. Sie haben es sich verdient.

Zur Ruhe kommen, nach innen lauschen, sich für eine kurze Zeit abschirmen von den Wünschen anderer; Ihre Gedanken, Gefühle und Empfindungen stehen nun im Zentrum Ihrer Aufmerksamkeit

Eine Gruppe oder einen Lehrer finden

Ein paar Worte seien hier noch gesagt zum Thema Gruppen, Lehrer, Sekten und Kulte. Dieses Buch ist natürlich nur eine Einführung in das große Thema der Meditation. Es kann sein, dass es Ihnen völlig ausreicht, wenn Sie sich durch die Übungen besser entspannen und konzentrieren können und stressresistenter werden. Möglicherweise reicht Ihnen das nach einer Weile aber auch nicht mehr aus und Sie wollen tiefer einsteigen.

Sich einer Meditationsgruppe anzuschließen oder sich einen Lehrer zu suchen, ist prinzipiell eine sehr gute Idee. Doch es ist Vorsicht geboten, weil nicht alles Gold ist, was glänzt. Wie Ihnen wahrscheinlich aus den Medien bekannt ist, tummeln sich in der Meditationsszene auch viele Spinner und Scharlatane. Woran kann man sich also halten, um nicht in einen Kult hineinzugeraten?

Woran erkennt man eine seriöse Gruppe?

Hierzu ein paar allgemeine Richtlinien:

- Wenn die Gruppe Ihnen vermitteln will, dass nur sie und ihr »Meister« recht haben und alle anderen »doof« sind, dann besteht ein Absolutheitsanspruch und es ist Vorsicht geboten.
- Wenn eine Gruppe darauf besteht, dass ihr Weg der »beste, schönste und schnellste« ist, dann sollten Sie hellhörig werden.
- Wenn Sie bedroht werden und man Sie verängstigen will, bleiben Sie fern!
- Wenn die Gruppe Ihnen Schwierigkeiten macht, wenn Sie aufhören möchten, gehen Sie notfalls zur Polizei.
- Vielleicht wird versucht, Ihnen ein schlechtes Gewissen einzureden, indem man Ihnen suggeriert, dass das Verlassen des Weges Sie in die Verdammnis stürzt. Alles Quatsch! Bleiben Sie fern!

Eine seriöse Gruppe wird Sie kommen und gehen lassen, wann Sie wollen. Sie müssen jederzeit gehen können! Niemand darf Sie festhalten. Eine seriöse Gruppe sieht sich immer als eine von vielen. Andere Wege werden grundsätzlich respektiert und anerkannt. Wenn die Gruppe Ihnen anbietet, Ihre eigenen Erfahrungen zu machen und für sich selbst herauszufinden, ob »die Chemie stimmt« und ob ihre Art Meditation zu praktizieren, etwas für Sie ist, dann ist sie wahrscheinlich in Ordnung.

Welchen Eindruck machen die Gruppenmitglieder?

In größeren Gruppen gibt es immer ein paar Leute, mit denen man nicht gut kann. Das ist wie sonst auch im Leben und nicht anders als im Alltag. Sie müssen auch nicht alle Teilnehmer eines Lehrgangs mögen. Es reicht, wenn Sie das Gefühl haben, dass man respektvoll und erwachsen miteinander umgeht. Der überwiegende Teil der Gruppe sollte mit beiden Beinen im Leben stehen, Familien haben und einem Beruf nachgehen. Paradiesvögel gibt es natürlich immer ein paar. Es sollten aber nicht zu viele sein. Insbesondere Gruppen mit hohen Anteilen an »Freaks« und »Aussteigern« sollten Ihnen suspekt sein. Achten Sie auch auf die allgemeine Stimmung und Atmosphäre in einer Gruppe. Ist die Stimmung angespannt und bedrückend oder locker und entspannt?

Nur weil man in einer Meditationsgruppe ist, ist man kein besserer Mensch! Auch Leute, die schon lange meditieren, haben nach wie vor Schwächen. Erwarten Sie also nicht, dass Ihre Mitstreiter in der Gruppe alle über das Wasser gehen können. Stattdessen werden Sie überrascht sein, wie sehr es auch in solchen Organisationen »menschelt«.

Kosten, Zertifikate

Wenn die Teilnahme an Kursen und Retreats überdurchschnittlich teuer ist, ist Vorsicht geboten. Natürlich kosten Organisation, Essen, Übernachtung und Honorare für Kursleiter Geld. Um gute Lehrer und gute Ausbildungen muss man sich bemühen. (Das ist wie im richtigen Leben.) Die Kosten müssen sich aber in einem vernünftigen Rahmen bewegen. Wenn Ihnen die Kurse wie Geldschneiderei vorkommen, sind sie es wahrscheinlich auch. Dazu gehören auch zahllose Kurse und Aufbaukurse und etliche Stunden sogenannter Supervision, um irgendwann ein »Zertifikat« zu bekommen. Natürlich sind Qualitätsstandards sinnvoll. Wenn aber die Hürden, um ein Zertifikat zu erwerben, jedes Jahr höher werden und die nötige Stundenanzahl unverhältnismäßig hoch ist, ist das doch ziemlich verdächtig.

Machtmissbrauch

Nun zum Thema Machtmissbrauch: Wenn Sie sich durch einen Lehrer oder eine Gruppe manipuliert fühlen oder unter Druck gesetzt werden, gehen Sie sofort weg. Die Lehrer-Schüler-Beziehung darf nie missbraucht werden! Insbesondere sexuelle Angebote durch einen Lehrer sind sofort abzulehnen. So ein Lehrer ist unseriös. Ein Lehrer hat auch nicht mehrere Partner oder Partnerinnen. Das hat nichts mit Achtsamkeit zu tun.

Im Anhang habe ich ein paar Internetadressen aufgeführt von Dachverbänden, die weitere Informationen anbieten und weiterhelfen. Das entbindet Sie aber nicht davon, Ihre eigenen Erfahrungen zu machen, und es ist auch nicht auszuschließen, dass sich selbst in diesen Organisationen schwarze Schafe befinden.

Woran erkennt man einen guten Lehrer?

Prüfen Sie immer, ob die Chemie stimmt und was Ihnen Ihr Bauchgefühl sagt. Ein Lehrer darf auch ruhig einmal konfrontieren oder anderer Meinung sein als Sie. Spüren Sie dabei aber Liebe und Mitgefühl? Also das, was Sie selbst in der Metta-Meditation fleißig geübt haben? Hat der Lehrer Humor? Kann er über sich selbst lachen? Hat der Lehrer selbst einen Lehrer, der in einer anerkannten und autorisierten Übermittlungslinie steht? Hat der Lehrer selbst einige Jahre an Meditationserfahrung? Steht er in einer großen Tradition, wie Vedanta, Vipassana, Zen, tibetischer Buddhismus usw.? Oder verlangt er ungewöhnlich viel Geld von Ihnen, was über normale Unkostenbeiträge weit hinausgeht? Ist es transparent, wer die Lehrer Ihres Lehrers waren? Oder hat Ihr Lehrer sich »selbst ernannt«?

Bitte achten Sie auf diese Kriterien, um die Spreu vom Weizen zu trennen.

Epilog

Nun sind wir am Ende des Buches angekommen. Ich hoffe, dass Sie jetzt neugierig geworden sind und die verschiedenen Übungen alle einmal ausprobieren werden. Vielleicht gelingt es Ihnen sogar, eine der vorgeschlagenen Routinen zu entwickeln und in Ihren Alltag einzubauen.

- Mögen Sie in (innerer und äußerer) Sicherheit leben!
- Mögen Sie glücklich sein!
- Mögen Sie gesund sein!
- Mögen Sie ein Leben in Leichtigkeit leben!

Ich wünsche Ihnen alles Gute für Ihre Achtsamkeitspraxis!

Weiterführende Literatur

Goleman D. **Wege zur Meditation.** München: Wilhelm Heyne; 1997

Goleman D (Hrsg.). **Die heilende Kraft der Gefühle.** München: Deutscher Taschenbuch Verlag; 2000

Kornfield J. **Meditation für Anfänger.** München: Wilhelm Goldmann; 2005

Kabat-Zinn J. **Gesund durch Meditation.** München: Knaur; 2011

Ott U. **Meditation für Skeptiker.** München: O.W. Barth; 2010

Thich Nhat Hanh. **Jeden Augenblick genießen.** Stuttgart: Theseus; 2004

Boccio F. **Achtsamkeits-Yoga.** Freiamt im Schwarzwald: Arbor; 2004

Suzuki S. **Zen-Geist – Anfänger-Geist.** Freiburg im Breisgau: Herder; 2009

Goldstein J. **Vipassana-Meditation.** Freiamt im Schwarzwald: Arbor; 2006

Salzberg S. **Metta-Meditation.** Freiamt im Schwarzwald: Arbor; 2003

Nyanaponika. **Geistestraining durch Achtsamkeit.** Stammbach: Beyerlein und Kleinschulte; 2007

Batchelor M. **Meditation.** Freiamt im Schwarzwald: Arbor; 2003

Internetadressen

Webseiten, deutsch:

Übersicht Lehrer, Kongresse und Kurse in MBSR in Deutschland:
www.mbsr-deutschland.de

Berufsverband deutscher MBSR-Lehrer:
www.mbsr-verband.org

Meditationsforschung an der Universität in Freiburg (Prof. Stefan Schmidt):
www.uniklinik-freiburg.de/medmed/live/index.html

Meditationsforschung am Bender Institut der Universität Giessen (Dr. Ulrich Ott):
www.bion.de

Meditationszentrum in Deutschland bei Würzburg:
www.west-oestliche-weisheit.de/benediktushof.html

Haus der Stille bei Hamburg:
www.hausderstille.org/index.html

Eine sehr umfangreiche Seite mit zahlreichen Ressourcen und Adressen (z. B. Gruppendatenbank) gibt es bei der **Deutschen Buddhistischen Union**:
www.dharma.de/dbu/frameset.php

Zen in Deutschland:
www.zen-guide.de

Überblick über **Theravada in Deutschland.** Die historische Quelle der ursprünglichen Achtsamkeitsübungen aus Asien:
www.theravadanetz.de/frameset.html

Das tibetische Zentrum in Hamburg unter der Schirmherrschaft des Dalai Lama. Fernkurse, Adressen, Zeitschrift, Bilder:
www.tibet.de/home.html

Webseiten, englisch:

Die angegebenen Seiten sind zwar auf Englisch. Sie enthalten aber auch viele weitere Links (z. B. Adressen in Deutschland) und z. B. Fotos und teilweise Videos, über die man auch einen Eindruck gewinnen kann, wenn man nicht so gut Englisch spricht. Sie enthalten außerdem viele Ressourcen, wie Meditationsanweisungen, Vorträge und Artikel, die man umsonst herunterladen kann.

Der Ursprung des MBSR-Programms am Center for Mindfulness an der Universität der Massachusetts Medical School:
www.umassmed.edu/cfm

Begegnungsstätte westlicher Forscher mit namhaften Buddhisten (u. a. der Dalai Lama):
www.mindandlife.org

Ein 1975 gegründetes Meditationszentrum in den USA. Viele Ressourcen, Links und Downloads:
www.dharma.org

Ein weiteres wichtiges Meditationszentrum in England. Viele Ressourcen:
www.gaiahouse.co.uk

Das französische Meditationszentrum des vietnamesischen Achtsamkeits-Lehrers Thich Nhat Hanh:
www.plumvillage.org

Register

A

B

C

D

E

N

P

R

S

T

U

V

SERVICE

Liebe Leserin, lieber Leser,

hat Ihnen dieses Buch weitergeholfen? Für Anregungen, Kritik, aber auch für Lob sind wir offen. So können wir in Zukunft noch besser auf Ihre Wünsche eingehen. Schreiben Sie uns, denn Ihre Meinung zählt!

Ihr TRIAS Verlag
E-Mail-Leserservice: heike.schmid@medizinverlage.de
Lektorat TRIAS Verlag, Postfach 30 05 04, 70445 Stuttgart, Fax: 0711-8931-748

Bibliografische Information der Deutschen Nationalbibliothek
Die Deutsche Nationalbibliothek verzeichnet diese Publikation in der Deutschen Nationalbibliografie; detaillierte bibliografische Daten sind im Internet über http://dnb.d-nb.de abrufbar.

Programmplanung: Sibylle Duelli
Redaktion: Anne Bleick
Bildredaktion: Christoph Frick

Umschlaggestaltung und Layout: CYCLUS Visuelle Kommunikation, Stuttgart

Umschlagfoto: Dominique Loenicker, Stuttgart
Fotos im Innenteil: Dominique Loenicker, Stuttgart, S. 3; plainpicture/Ableimages: S. 4 links, 13; plainpicture/Arcangel: S. 4 rechts, 23, 111; plainpicture/Astrid Doerenbruch: S. 5, 93; plainpicture/apply pictures: S. 75; plainpicture/Wildcard: S. 83; plainpicture/Kniel Synnatzschke: S. 123; Holger Münch, Stuttgart: S. 47, 62, 63, 64, 65, 69, 135
Leider konnten nicht alle Rechteinhaber erreicht werden. Berechtigte Ansprüche werden abgegolten.

Die abgebildeten Personen haben in keiner Weise etwas mit der Krankheit zu tun.

1. Auflage

Oswald-Hesse-Straße 50, 70469 Stuttgart

Printed in Germany

Satz und Repro: Fotosatz Buck, Kumhausen
gesetzt in: Adobe InDesign CS5
Druck: AZ Druck und Datentechnik GmbH, Kempten

Gedruckt auf chlorfrei gebleichtem Papier

ISBN 978-3-8304-6471-6 1 2 3 4 5 6

Wichtiger Hinweis: Wie jede Wissenschaft ist die Medizin ständigen Entwicklungen unterworfen. Forschung und klinische Erfahrung erweitern unsere Erkenntnisse, insbesondere was Behandlung und medikamentöse Therapie anbelangt. Soweit in diesem Werk eine Dosierung oder eine Applikation erwähnt wird oder Ratschläge und Empfehlungen gegeben werden, darf der Leser zwar darauf vertrauen, dass Autoren, Herausgeber und Verlag große Sorgfalt darauf verwandt haben, dass diese Angaben dem Wissensstand bei Fertigstellung des Werkes entsprechen, jedoch kann eine Garantie nicht übernommen werden. Eine Haftung des Autors, des Verlags oder seiner Beauftragten für Personen-, Sach- oder Vermögensschäden ist ausgeschlossen.